なぜか仕事が速い人の

ずるいメール術

入社3年目までに差がつく
「ビジネスメールの正しい使い方・考え方」

平野友朗 著

PHP

まえがき

メールがうまくなさそうなのに仕事がデキる人の「秘密」

「誤字があるのに、なぜか評価されている」
「小さなミスが多いのに、仕事がうまく回っている」
「10分かかるメールをサクッと5分で送っている」

　皆さんの周りで、メールにそれほど時間をかけているわけでもないのに、コミュニケーションがうまくいっている人はいませんか。

　その秘密を探ろうとメールを見たら誤字がある。気の利いた一言も入っていない。そんな人を見ると、「私の方が頑張っているのに」「なんで、あの人だけ」「ずるい」と嫉妬心にも近い気持ちがわくかもしれません。

　でも本当は、その人が「頑張っていない」のではなく、皆さんが「頑張りすぎている」のです。

　ビジネスメールは、頑張るものではありません。むしろ、頑張らずに、最低限の力を使って最大の効果を狙える「ビジネスのずるい武器」なのです。

本書では、周囲から「いいなぁ」「うまいなぁ」「なんであいつが!?」と思われている「メールのうまい人」を「ずるい人」と言い換えて解説していきます。

私は、一般社団法人日本ビジネスメール協会の代表理事として、今までメールを中心に37冊の本を書いてきました。メディアの取材は1500回を超えています。私のことを知らなくても「会社に本があった」と言われることも珍しくありません。

そのような活動を20年続ける中で「違和感」を覚えていました。多くの人が「正解」を求めて本を手にしますが、その正解に縛られると、メールの本来の役割が見えなくなります。
　そのせいで、頑張る方向性を間違えてしまっている人が多いと感じたのです。

そんな人たちを助けたくて、思い切って「ずるい」をテーマにメールのノウハウをまとめました。

本書の知識を吸収して、もっと「楽」に「ゆるく」仕事をこなしていきましょう！

2024年8月吉日　平野友朗

目次 なぜか仕事が速い人のずるいメール術

入社3年目までに差がつく
「ビジネスメールの正しい使い方・考え方」

まえがき メールがうまくなさそうなのに仕事がデキる人の「秘密」…2

1章

昨日よりもメールが簡単に書けるようになる

メール作成に欠かせない「13の勘所」…7

2章

返信がもっと楽に・スピーディになる！

自分軸なのに「好感度が上がるメールの返信」…59

3章

"これだけ"であなたの仕事が変わる

印象を自在にコントロールする「メール戦略」…101

4章

ピンチをチャンスに変える！
「メール対応の鉄則」…141

5章

ビジネスメールのプロ直伝！
なぜか社内評価の高い人が
やっている「5つの裏技」…169

6章

ひと工夫で、頑張らなくても仕事が速くなる
「メールの仕組み化」…189

あとがき …222

ZURUI MAIL JUTSU

1章

昨日よりもメールが簡単に
書けるようになる

メール作成に欠かせない「13の勘所」

1 ずるい人は、いいメールとは何かを知っている

 一緒に考えてみましょう！

「そのメールは何のために送るのですか」

こう聞かれて、あなたは即答できますか。メールには必ず、以下のような「〜のため」という目的があります。

- お客さまからの依頼に対応するため
- 会議の詳細を知らせるため
- アポイントメントをとるため
- 価格を確認するため

全てのメールには目的があるからこそ、これを説明できないのであれば、あなたのメールの使い方には少し問題があるかもしれません……。

 「いいメール」とは？

仕事である以上、いいメールを書くことに注力しなけ

ればなりません。

目的を達成できるメール ＝ いいメール

つまり、いいメールを書くには、目的をはっきりさせることが必要な条件なのです。

では次に、どうすればいいメールを作れるのか。これにはさまざまな意見がありますが、私の答えは実にシンプルです。

❶伝わるか
❷不快感がないか

この2つを満たせば、それぞれの目的を達成できるいいメールが作れます。

ずるい人はこの「伝わるか」「不快感がないか」の2つを常に心に留めてメールを書いています。その他は余裕があるときにだけ行う、プラスアルファの工夫です。

すべきことが明確だと、それに集中するだけでいいので、余計なことに時間や手間をとられず、どんなときもメールをスピーディに書けるようになります。

空いた時間を他の作業に充てることで、仕事全体のスピードアップにもつながります。

「悪いメール」とは？

　目的を達成できるのがいいメールなら、目的を達成できないのが悪いメールということになります。貴重な時間を費やして、結果につながらないものを生み出しているわけです。それでは仕事になりません。
　そうならないためにも、メールの目的を明確にすることが大切です。

　しかし、伝われば何でもいいと、最低限の情報しか書かれていないメールも不快感が残るため、悪いメールと言えるかもしれません。

　例えば、次のような箇条書きだけのメールを読んで、どう感じますか。

件名：【再送】領収書送付のお願い　　　　　　　　　　☒

・送信者：日本ビジネスメール協会　山田太郎
・前提：領収書の発行を依頼したが返信がない
　　メールが届いていない可能性もある
・依頼内容：領収書の送付（月末の経理処理で必要）
・期限：2月26日（月）

ビジネスメールは、読み手のことも考慮する

　前のページの箇条書きだけで作られたメール、なんとも味気ない文章ではありますが、言いたいことは分かります。

　ただ、あなたが実際にこのメールを受けとったとしたら、あいさつや名乗りがないことに、違和感や不快感を覚えるかもしれません。全員がそうとは言えませんが、そう感じる人がいる以上、やはりビジネスメールとしては「伝われば何でもいい」わけではないのです。

　本書でこの後、何度か出てくる「メールの型」というのも、この不快感や違和感を無くすためのものです。
　もしかしたら10年後、20年後には、あいさつや名乗りがない箇条書きメールが受け入れられて主流になっているかもしれませんが、今は違います。だから、型通りに書いて、違和感や不快感の芽を摘みとっておきましょう。

1. 目的の達成に意識を向ける

2.「伝わるか」「不快感がないか」の2軸で考える

3. 箇条書きメールは、未来の話

2 ずるい人は、かっこいいフレーズに縛られない

 気遣いフレーズの必要性

　ビジネスメールとビジネス文書。名前は似ていますが、かたちや書き方は違います。ビジネス文書は、社内・社外とそれぞれに向けて使いますが、双方向にやりとりするコミュニケーションの側面が強いメールに比べると、情報伝達の側面が強いです。
　ビジネス文書では、初めの部分に時候のあいさつを入れます。

> 立春の候、貴社ますますご清栄のことと
> お喜び申し上げます。

　時候のあいさつは、そのときどきの気候や天候に合わせて季節を表現し、相手の健康や無事、繁栄を祝う言葉を添えます。
　こうした季節のあいさつや体調を心配するフレーズをビジネスメールにも入れた方がいい、メールには気遣いを盛り込むべきだと考える人もいますが、果たして本当に必要なのでしょうか。

かっこいいフレーズ探しで気づけばこんな時間……

確かに、あいさつは大切です。季節感を表す言葉から、豊かな心を思い浮かべます。気遣いのフレーズから、温かな思いやりを受けとります。

そうしたフレーズがあることによってコミュニケーションを円滑にすることもあるでしょう。

しかしその「気遣い」のために、時間をかけてかっこいいフレーズ探しをしてしまった経験はありませんか。

ネットや書籍で調べてみると、こうしたフレーズはたくさんでてきます。たくさんありすぎて、どれを使えばいいのか悩んでいたら、もうこんな時間！ なんてことはよく聞く話です。

 ## なぜ気遣いのフレーズをメールに使うのか

そもそも、あなたはなぜ、気遣いのフレーズがビジネスメールに必要だと思っているのでしょうか。

この答えを持たずにフレーズを探しても時間を消費するだけです。では、答えを一緒に考えてみましょう。

①社会人としてのマナーだから
②相手への配慮を伝えたいから
③いい印象を与えたいから

私がこの中で唯一、賛成できるのは「②相手への配慮を伝えたいから」です。先ほども述べたように、気遣いのフレーズには、コミュニケーションを円滑にする力があるからです。しかし、それ以外は正直なところ、あまり効果的ではありません。

 そのフレーズ、逆効果かも？

　社会人のマナーには、礼儀正しい、配慮がある、あいさつができる、時間を守る、報連相を怠らない、などいろいろな要素があります。
　「①社会人としてのマナーだから」とメールに気遣いのフレーズを入れる、というのは、配慮の1つに過ぎません。
　言葉で示すのではなく、素早い返信をしたり、先回りして情報提供をしたり、リマインダメールを送ったりするようなことの方が、社会人としての配慮は、相手により伝わります。

「③いい印象を与えたいから」も同様です。印象のよさは、使う言葉だけで決まるものではありません。その言葉と場面、関係性が合っていなければ、逆効果にもなり得ます。
　気遣いのフレーズを使うだけで好印象なら、みんな多用していることでしょう。メールで大事なのは中身であり、何を書くかです。

気遣いフレーズを効果的に使うタイミング

ずるい人は「気遣いをしたい」という本心があるときにしか、気遣いのフレーズを使いません。

- 相手が体調をくずしていると感じたら、体調を気遣うフレーズを入れる
- 相手に夜遅くまで対応してもらったなら、そこに対する感謝のフレーズを入れる
- 仕事が立て込んでいて忙しい中、迷惑をかけるようなことを頼むなら、そこに対して申し訳ない気持ちを伝えるフレーズを入れる

このように、気持ちと言葉が一致するときにだけ、効果的に使うのです。

POINT
1. 気遣い至上主義にならないようにする
2. 気遣いの意味を知る
3. 気持ちと言葉を一致させる

3 ずるい人は、語彙を増やさない

 あなたの理想の社会人像は？

 かっこいい社会人は、難しい言葉を使っている！　社会人たるもの、難しい言葉を使いこなさなくてはいけない！

　そう思って、ふさわしい言葉や難しい言い回しを、インターネットや辞書で調べながら、メールを書いていませんか。

　いい言葉が思い浮かばず、自分には語彙力がない、と自信を失っている人もいるかもしれません。

　でも、それは大きな勘違いです。実はずるい人は、言葉や言い回しに気を配らずにメールを書き、仕事で成果を上げています。

　なぜ、そんな少ない労力で書いたメールでも、仕事がうまくいくのか。まずはメールを受けとる側の立場になって、一緒に考えてみましょう。

メールは中学校までに習う日本語でOK！

　あなたが送ったメールの中に難しくて分からない、または知らない言葉があったら、メールを受けとった相手はどうすると思いますか。

　私なら、その言葉をコピーして、インターネットで調べてから読み進めます。しかし、忙しくてそんな時間がないときには、その言葉の意味を推測しながら、なんとなく読むと思います。

　そして全てを読み終わった後「ただメールを読もうとしただけだったのに、なんだか大変だったな」と思うことでしょう。

　そう、あなたがよかれと思って使ったかっこいい言葉が、相手の負担になっているかもしれないのです。

　そうならないためにも、専門用語や製品名など、そのまま使わなくてはいけないもの以外は、誰もが分かる易しい言葉や言い回しを使った方が、自分も書きやすいし、相手も読みやすいのです。

---- 簡単な言葉への書き換え例 ----

ご寛恕ください
　↳ お許しください

慚愧に堪えない思いです
　↳ 非常に恥ずかしい思いです

ご検討賜りますようお願い申し上げます
　↳ ご検討ください

ご笑納ください
　↳ お納めください

その言葉、誰でも分かりますか?

　言葉とは難しいもので、あなたが正しい使い方をしているからといって、相手もその言葉を、正しい意味で受けとってくれるとは限りません。

　例えば「情けは人のためならず」という慣用句があります。誰もが、一度や二度は聞いたことがあるのではないでしょうか。

　一般的に認知されている意味は次の２種類があります。

> ❶人に情けをかけると、相手のためばかりでなく、巡り巡って自分のためになる
> ❷人に情けをかけると、相手のためにならない

　❶が本来の正しい意味なのですが、文化庁の『国語に関する世論調査』(令和４年度)によると、半数近くの人が❷の意味だと思うと答えているそうです。
　この慣用句のように、本来の意味とは異なる意味で使われている表現は他にもたくさんあります。

　また、若い世代がよく使う「寒い」「詰む」「引く」「盛る」「推し」などの言葉も、誤解が生まれるかもしれません。
　「気持ちが冷める」「つまらない」という意味で使った「寒い」を、相手が「部屋の温度が低いのかな」「風邪を

引いているのかも」と解釈してしまう可能性は十分にあるのです。

だからこそ、誰でも分かる簡単な言葉を意識して使う必要があります。

ビジネスシーンとプライベートで言葉を使い分けよう

「自分は分かる」では成立しないのが、ビジネスのコミュニケーションです。そのため、言葉選びも「相手にも分かる」が基準になります。

経験や知識、考え方や受け止め方は人それぞれなので、自分と相手は異なっていることが当然であると考え、相手の理解を想像した言葉選びや伝え方の工夫をしましょう。

POINT
1. 中学生でも分かる言葉を使う
2. 相手の頭の中の辞書にある言葉を使う
3. 相手に調べさせたり推測させたりするのは効率が悪い

4 ずるい人は、相手を不安にさせない

 コミュニケーションの種類

　話がかみ合っている人たちは、以心伝心で互いの心が通じ合っています。そのため「あれは、どうなっている？」というようなあいまいな問いかけであっても、明確な回答がもらえたりします。

　これは期限を示す言葉でも同様です。

> なるべく早くお願いします

> できるだけ早く対応してください

　期限のイメージが共有できている関係なら「承知しました」と答え、その後も何事もなく、仕事を進められるでしょう。相手から催促されることもなければ、遅くて気分を害することもありません。

あいまいな言い回しがトラブルを招く

　社内などの見知った人となら、先ほどのようなあいまいなコミュニケーションでも、何ら問題はありません。
　しかし、これが許されるのは感覚が近い人同士の場合のみです。仕事に慣れていない若手社員がやると、トラブルのもとになります。

　例えば「後ほどお電話します」と16時頃に届いたメールに書いてあって、相手から電話があったのが翌日の9時半だったとしたら、あなたはどう感じるでしょうか。
　当日のうちに電話が来るかと思っていたのに、翌日だったのですから、相手の対応にひっかかりを感じるのではないでしょうか。

> 忘れていたのかな
> 忙しかったのかな
> 後回しにされたのかな

　受け手が理解した言葉の意味と実際の対応が異なっていると、そこに違和感を覚えるのは当たり前です。
　これが続くと、不信感につながります。仕事に対しての信頼も失われてしまうでしょう。

　だからこそ、あいまいな言葉の使用は極力、控えるべきなのです。

先ほどの例であれば「明日の10時までに、こちらからお電話します」と伝えてくれたなら、あなたも安心して待っていられたでしょう。

心の声がメールの文字に表れる

「『明日の10時までに』と伝えていたのに、できなかったらどうしよう」と思うと怖くなって、「後ほど」や「できるだけ早く」などというあいまいな言葉を使いたくなる気持ちは分かります。

　あいまいにしておくことで、遅くなったときのための保険をかけたり、解釈の幅を持たせておくことで、相手の期待に外れたときの免罪符(めんざいふ)にしたり……。

> 遅くなるかもしれないことを理解してね
> 遅くなったとしても許してね
> 遅くなってしまうのはお互いさまだよね

　期限を切るときにあいまいな言葉を使いたくなったら、心の底に言い訳が用意されていないか、自分に問いかけてみましょう。もしかしたら、その言い訳があなたの足を引っ張ることになるかもしれません。

　ずるい人は、このようなすれ違いのリスクを減らしたいと考えています。常に互いのメリットを考え、リスク回避の道を選択しているのです。

言い換え言葉で、簡単にメールを書こう

　感覚的に使っているあいまいな言葉は、その人の性格や置かれた環境によって生み出されています。当然、互いに違う人間なのですから、分かり合うためには厳密な表現をとり入れた方がスムーズです。

あいまいな言葉	やや厳密な言葉	厳密な言葉
なるべく早く	遅くても本日18時までに	本日18時に
たくさん	10案程度	10案

　ただし、厳密な言葉を使いすぎるのも考えものです。いつも時間や期限に追われながら仕事をしなければならなくなりますし、相手にプレッシャーをかけ過ぎてしまうかもしれません。

　時と場合によって、あいまいな言葉、やや厳密な言葉、厳密な言葉、それぞれを使い分けましょう。

1. 誤解させるような情報を伝えない

2. あいまいな言葉を相手は推測で理解する

3. 感覚で言葉を発しない

5 ずるい人は、50文字を意識する

読みにくいメールを変える鍵

　ずるい人が作るいいメールは、一読で、書かれている全ての内容が理解できるような構成になっています。

　相手がメールを開封したとき、「読みやすそう」と思ってもらえるメールに、あなたも憧れませんか。
　今から、そんな読みやすいメールの書き方をお教えします。

　まずは一緒に「なぜ、スラスラ読めないメールになってしまうのか」その原因を考えてみましょう。これが、あなたのメールを変える鍵になります。

メールは、第一印象が9割

　メールをスラスラ読めないときは、第一印象で「分かりにくい」「難しそう」「面倒くさそう」といった感情が芽生えています。どうして、そう感じてしまうのか。理

由は2つあります。

> 1. 文が長いから
> 2. 文の切れ目が分からないから

この2つの傾向があるメールは、読む前の時点ですぐに「読みにくそうだな」と思われてしまうのです。

私たちは、1つ1つの文字を追って単語をつかみ、その単語の意味と前後の関係を踏まえながら、文章を読んでいます。

そのため、1文が長いと、単語のかたまりの中から主語を見つけるのが難しくなります。また、文の切れ目が分かりにくいと、せっかく読みとった1文と1文の関係も分かりにくくなります。

読みやすい1文の長さは、50文字程度です。このくらいのボリュームであれば、読みながら文章の内容を簡単に理解することができます。

 だらだらメールはこれで解決！

1文がだらだらと長くなってしまうメールに共通しているのは、「〜が」「〜ので」のような、接続助詞を多用しているところです。

そのためまずは、接続助詞の使い方を見直してみましょう。

> **Before**
>
> ビジネスマナーが苦手だという声が社員から上がっています**ので**皆さんの意見を聞いた上で研修を実施するかどうかを検討したいと考えております**が**予算を確保していただくことは可能でしょうか。

> **After**
>
> ビジネスマナーが苦手だという声が社員から上がっています**。**
> 皆さんの意見を聞いた上で研修を実施するかどうかを検討したいと考えております**。**
> 予算を確保していただくことは可能でしょうか。

　89文字あった1文を3つの文に分けてみました。かなり、読みやすくなったように感じませんか。
　短い文は、文章の構造が明確です。主語と述語の不一致も起こりにくくなります。

　短い文章で完結させることを、心がけましょう。

　また、最初のうちは上の書き換えのように、いったん文章を書いてみてから、文を分けるなどして、1文の量を調整するといいでしょう。

読点に迷ったら「息継ぎの箇所」に打つ

1文を50文字以内にして、主語や接続詞の後などに読点を打つと、より意味をつかみやすくなります。文のかたまりを明確にするのです。

```
Before                                    ×
皆さんの意見を聞いた上で研修を実施するかどうか
を検討したいと考えております。
```

↓

```
After                                     ×
皆さんの意見を聞いた上で、研修を実施するかどう
かを検討したいと考えております。
```

どこに読点を打てばいいか分からないときは、息継ぎの箇所に読点を打つと、文章がスッキリと整理され、読みやすくなります。

1. 1文を50文字以内で書く

2. 1文が長いときは2つの文に分ける

3. 適度に読点（、）を打つ

6 ずるい人は、2つのテクニックで要点をまとめる

 メールを簡潔にまとめるのって、難しい

承知しました

　これだけで終われるような、短文メールはなかなかありません。メールの多くは、依頼の背景や内容、手順や期限など、さまざまな情報を盛り込む必要があるので、自然と文章量が増えるものです。

「メールはA4用紙1枚に収まるのがいい」という意見もありますが、それによって情報の不足が起こるならば、本末転倒です。

　メールを作るときに考えるべきなのは「メールの長さ」よりも「読みやすさ」です。

メールを読みやすくする2つのテクニック

メールを読みやすくするテクニックは2つあります。

1. 箇条書きにする

　箇条書きにするのは失礼に当たる、というのは誤解です。

　確かにメールの内容を全て箇条書きにしたら、メモ書きのようで雑な印象を与え、多くの人が失礼だと感じるでしょう。しかし、その前後に丁寧な言葉を並べていたら問題ありません。

　箇条書きに向いているのは、次のケースなどです。

> ・時系列に沿って説明できるとき
> ・いくつかの項目を並べて書く必要があるとき

　6W3H（いつ・どこで・誰が・誰に・何を・なぜ・どのように・どれだけ・いくら）に沿って、箇条書きの項目を規則的に並べてもいいでしょう。似たもの同士は近くに置きます。

2. かっこを使う　()「」『』【】

　本書でも「かっこ」をふんだんに使っていますが、これによって文章の構造が理解しやすくなっているはず。

◎かっこの効果的な使い方
「 」……　引用や会話
『 』……　商品名やサービス名
　　　　　　「 」の中で、かっこを使いたいとき
【 】……　強調したいとき
（ ）……　補足するとき

　かっこを使って、2つの文を読みやすくしました。実際に読んで、比較してみてください。

Before
このたびはビジネスメール実態調査2024にご回答いただきありがとうございます。

After
このたびは『ビジネスメール実態調査2024』にご回答いただきありがとうございます。

Before
10月15日に開催するビジネス文章力アップ講座についてご連絡します。

After
10月15日開催『ビジネス文章力アップ講座』についてご連絡します。
　or
ビジネス文章力アップ講座（10/15開催）についてご連絡します。

過度な強調はNG

一点注意が必要なのは、過度な強調は嫌味になるということです。日付などを強調すると、相手にプレッシャーを与えることになる点も頭に入れておきましょう。

> 回答は【10月17日】までに
> お送りいただくようお願いします

HTML形式を利用して文字に色をつけたり、フォントサイズを上げたり、下線を引いたり、といった装飾はセンスや判断が求められます。たくさんの選択肢があり、相手によって正解も変わります。

ここに時間をかけてしまうくらいなら、文字情報だけのテキスト形式を使うのが合理的です。

POINT

1. できるものは箇条書きにする

2. かっこ（）「」『』【】を駆使してレイアウトを組む

3. HTML形式での装飾は、おすすめしない

7 ずるい人は、メールの合格点を知っている

 ビジネスメール≠文学作品

メールを何度も見直して、場合によっては1日寝かして、やっと送信。こんな経験はありませんか。「正しい情報を伝えたい」「正しい言葉で伝えたい」「正しい日本語を使いたい」と正しさを追求すると、メールの作成に時間がかかるのも無理はありません。

確かに、時間をかければ、もっといい表現を思いついたり、誤記に気づくこともあります。しかし、<u>時間をかけた分だけ質が高くなるとは限らないのがビジネスメール</u>です。

ビジネスメールは、文学作品ではありません。100年残る名作、感動を与え、人生を変えるような気づきのある作品を目指す必要はないのです。文字通り、単なる仕事のメールというだけです。

仕事では、うまい言い回しがあったからといって「質の高いメール」とは評価されないのです。

スケジュール調整のメールに気遣いは不要!

では、どうすれば時間をかけずにメールを送れるようになるのか。

それは、メールの合格点(目的)を明らかにすることです。

例えば、面会日を調整するメールの目的は、日程を決めることにあります。
そのため、日程を決める以上の目的がないのであれば、1秒でも短い時間で、日程を確定できるメールを書くことに専念しましょう。このメールに難しい言葉や過剰な気遣いは必要ありません。

ビジネスメールって
思ったよりシンプルなものかも!

仕事において、時間をかけてメールを書かなくてはいけないケースは限られています。普段、私たちが書いているメールの目的は、実に単純です。

◎ **メールをシンプルに考えよう！**
- **日程を調整する** → 日程が調整できたらOK
- **入金を依頼する** → 期日までに入金されたらOK
- **作業の遅れを謝罪する**
   → 遅れる事実や謝罪が受諾されたらOK
- **見積書を送る** → 見積書が受領されたらOK
- **ルールの変更を伝える**
   → ルールの変更を理解してくれたらOK
- **修正箇所を伝える** → 修正箇所が伝わればOK

目的達成のための最短経路はどっち？

　ずるい人は、いかに早く目的を達成するかに的を絞ってメールを書いています。そのため、時間をかけても結果が変わらないなら、時間をかけずに達成できる道を選びます。

　会う約束をする2パターンのやりとり例を見てみましょう。

◎ **パターン1**
先方から提示された日程の都合がつかないので、
メールを受信してから30分後に、こちらの候補日を複数提示して返信。その中から先方が可能日を選択。翌日、アポイントメントが確定。

> ◎**パターン2**
> 先方から提示された日程の都合がつかないので、そのことを伝えるうまいフレーズを考えていたら時間がかかり、翌日に持ち越し。翌日の夕方に、相手の事情を気遣うフレーズを入れ、こちらの候補を複数提示して返信。その中から先方が可能日を選択。アポイントメントが確定。

どちらも、会う約束をするという意味では、目的を達成できています。しかし、かかった時間は全く異なります。

「気遣い」の言葉を探すために1日寝かせることで、相手を待たせる以上のメリットがあればいいですが、かけた時間を埋めるほどの素晴らしいフレーズに出合えるなんて奇跡はまず起きないでしょう。

組織の内外に関わらず、ビジネスメールには、過剰に時間をかけることよりも速い対応が求められます。時間をかけずに合格点（便宜的に80点とする）を出せるなら、1日寝かせて95点のメールを目指す必要はないのです。

1. 時間をかける意味があるのかを考える
2. 速やかにメールの目的を達成する
3. 満点よりも合格点を目指す

8 ずるい人は、無駄なことで悩まない

新入社員の最初の鬼門

入社したばかりの頃は、メールを作成するたびに上司に添削されたかもしれません。そのとき、上司から誤字だけでなく、敬語や日本語の間違いまでも、指摘された経験はありませんか。

誤字や脱字、日本語の間違いなどのような、絶対的な正解がある箇所は、上司も見つけやすいため、指摘の回数が多くなりがちです。

指摘されることが多いほど、メールの改善ポイントは「文法」「敬語」にあると強く印象に残ります。

> 文法を間違っちゃだめだ
> 正しい敬語を使わなきゃ

ビジネスシーンでよく使う敬語は限られている

前述した通り、いいビジネスメールは、以下の2つの条件を満たすものです。

❶伝わるか
❷不快感がないか

そしてこの2つを達成する上で、文法や敬語の正しさはプラスアルファの要素。優先順位は内容の方が高いのです。

敬語は「尊敬語」「謙譲語」「丁寧語」などに分かれます。メールで使うのは動作や状態に関わるものが多いので、ある程度は押さえておきましょう。

◎よく使う敬語

動詞	尊敬語	謙譲語	丁寧語
言う	おっしゃる	申す 申し上げる	言います
行く	いらっしゃる	伺う 参る	行きます
いる	いらっしゃる	おる	います
聞く	お聞きになる	伺う 拝聴する	聞きます
する	される なさる	いたす	します
食べる	召し上がる	いただく 頂戴する	食べます
見る	ご覧になる	拝見する	見ます

「丁寧語」が使えれば◎

　敬語の使い分けについては、学生時代に細かく教えられているはずです。
　しかし、だからと言ってメールを書くときに「思っているのは自分で、自分を下げるから謙譲語で……思うの謙譲語は……『存じる』だ!」と、毎回考えていたら、時間がいくらあっても足りません。

　ずるい人は、ここは割り切って「思います」を使っています。

謙譲語：お申し込みしたいと存じます。
丁寧語：お申し込みしたいと思います。

　敬語というと「尊敬語」「謙譲語」を真っ先に思い出すかもしれませんが「丁寧語」も立派な敬語。上の2種類の言葉は、どちらも正しいのです。

　間違えたり、正しさを追及してたくさんの時間を使ったりするくらいなら、初めから、丁寧語で書けばいいのです。
　メールだけに限らず、ビジネスのコミュニケーションでは、丁寧語が使えれば十分合格点でしょう。

丁寧にし過ぎると空回る

**突然ですが、ここで問題です。
この言葉は正しい敬語でしょうか？**

「おっしゃられる」

　これは二重敬語と呼ばれる、同じ種類の敬語を2つ重ねてしまう、よくある間違った敬語の使い方です。「おっしゃる」は尊敬語で、「れる・られる」は尊敬の助動詞なので、「おっしゃられる」は尊敬語が2つ重なっています。

　正しくは「おっしゃる」です。

　丁寧な言葉にしようとするほど、この二重敬語になってしまいがちなので、注意しましょう。

1. 敬語は最低限で問題ない
2. 敬語の正しさよりも内容を重視する
3. 丁寧語をベースに書く

9 ずるい人は、新聞を真似する

 読みやすいメールは、情報量で決まる？

　ついつい文字を詰め込み過ぎて、読みにくくなってしまったメールを前に「情報量を減らそう」「手短に書こう」と頑張って工夫を重ねた経験はありますか。

　すでに知られている内容や事情を省いたり、不要な言い回しを切り捨てたり、端的な表現に書き換えたり、いろいろな工夫を凝らしたことでしょう。

　そうやって頑張って作ったメールなのに、上司から「情報が不足している」「もっとしっかり書いてください」と指摘されてしまったり、相手からも「ここはどういう意味ですか？」と質問をされてしまったり……。

　実は「コンパクトで読みやすいビジネスメール」とは、情報量が少ないメールのことではないのです。

読みにくいメールの正体

　読み手が状況を理解して、適切な判断を下すために必要な情報を省いてはいけません。
　それでも、文字が詰まっていると、やはり読みにくさを感じます。

では、いったいどうしたらいいのか。

　ずるい人が自分の作ったメールを見返して「なんだか読みにくいな」と感じたら、「情報の量が多いのではなく、メールの意図を理解するのに時間がかかったから読みにくいんだ！」と考えます。

　たとえ情報量が多いメールでも、要点を手短に伝えられているならば、読むのに時間はかかりません。短い時間で読めるメールは、読みやすいと思われるでしょう。
　つまり、情報量が多いことが読みにくさの原因ではなく、情報の中で「何が大切なのかが分からないこと」が、原因なのです。

誤った考え
 情報量が多すぎて読みにくい、もっと端的に書かなければ

正しい考え
 要点を分かりやすく書いて、もっと短い時間で読めるようにしなければ

メールにも「見出し」を つけてみよう

　面識のある相手なら、相手が求めていることも想像がつくでしょう。これまでのメールのやりとりを少し見返すだけでも、伝えるべき要点が分かるはずです。

　しかし、お知らせや通達のような連絡で、メールを受けとる相手が複数いる場合は、そうもいきません。相手のことが分からない中、多数に知らせるとなると、どうしても「あれも」「これも」となり、情報量が増えてしまうものです。
　読み手が複数いるときは特に「誰でも、1分で読めるくらいに情報をまとめる」のがコツです。

 ✓「ずるい」テクニック

> 読みやすいメールを書きたいときは「新聞」を真似してみよう！　新聞には記事の内容が一目で分かる見出しがついているから、数十万字で構成されていても、読みやすいと感じるよね。同じように、メール本文の項目にも見出しをつけると、重要な点がしっかりと伝わる読みやすいメールになるよ。

 ## 読み手がうれしいメールの工夫

　例えば、複数の人へオンライン会議の案内を送るとしましょう。
　オンライン会議の参加方法は、初めての人には必要な

情報ですが、何度も参加したことがある人には不要な情報です。

　そこに以下のような見出しがあれば、不要な人は読み飛ばす選択もできるので、誰にとっても読みやすい・分かりやすいメールになります。

> オンライン会議の参加方法

> オンライン会議が初めての方へ

　必要なことで、どうしても情報量が多くなってしまうときには、添付ファイルで提示する、ウェブページにリンクを貼って示すなどの工夫も大切です。

　確実に情報を届ける流れを作りましょう。

POINT

1. 1分以内で読めないメールは構成に問題がある

2. 不要な箇所は読み飛ばせるように見出しをつける

3. 追加の情報は添付ファイルなどで示す

10 ずるい人は、メールに感情をのせる

 ビジネスメールに感情はいらない？

　ビジネスメールはコミュニケーションの道具であり、情報伝達の手段です。

　情報伝達だけならば、正しく情報を伝えることに終始すればいいので、簡単に書くことができるでしょう。
　しかし、そこにコミュニケーションの要素を加えなければいけないので、ビジネスメールは奥が深いと思われがちです。

　例えば、あなたがうれしい気持ちを相手に伝えたいとき、どうやって表現をしていますか。

　プライベートでは、感情を表すイラストのスタンプをつけたり「いいねボタン」や「ハートボタン」を押したりして、意思表示をしているでしょう。しかし、ビジネスメールにはそのようなボタンはありません。

ビジネスメールで何かしらの感情表現をするには、次の方法が考えられます。

> ・顔文字、絵文字で伝える
> ・言葉で伝える

 逃げ道のないコミュニケーション

「友達との連絡なら簡単なのに、ビジネスメールは難しい」と感じる背景には、全てを言葉で表さなければいけないという制約があることは否めません。

プライベートなら、自分の感情をそれっぽく表しているスタンプ1つで済むような場面も、仕事のメールではそうはいきません。

自分の感情や立場、状況を言葉で表現する必要があります。

また、言葉という証拠が残ってしまう怖さもあるでしょう。

これまで、苦手だから、難しいからと逃げてきたことも、言語化なしには成り立たないのが仕事です。社会人になると、言葉で伝えることが求められる場面ばかりでしょう。

社内チャットならではの コミュニケーション

絵文字やスタンプを使ったコミュニケーションは、小さな会社内や部署内、信頼関係が構築できていて許容される仲なら、使うことができます。

「○○の場合はスタンプを使う」といったルールを設ければ、より円滑なコミュニケーションがとれるようになるでしょう。

 ## 顔文字は、上手に使い分けよう

顔文字は、感情を表すのに便利なアイコンです。

喜び、悲しみ、怒り、恐怖、驚き、嫌悪など、感情を伴うコミュニケーションは数多くあるため、適切な言葉を選ぶよりも、絵文字をつけた方が簡単です。

> このたびは申し訳ありません m(__)m

> ご検討いただきありがとうございます !(^^)!

しかし、ビジネスメールの場面でこれが通用するのは、限られた相手のみです。「顔文字をつけるなんて失礼だ」と相手が思ったら、信用を失うことになるでしょう。

私たちは、感情を伝えるために、それに見合った言葉

を選ばなくてはいけないのです。

　ずるい人は、100％の自信が持てないときは顔文字を使いません。全て言葉で伝えます。顔文字を使う便利さとリスクを天秤にかけているのです。

感情の言語化に、語彙力はいらない

「語彙力がないから、適切な言葉を選べない」と思うかもしれませんが、そんなに構える必要はありません。
　具体的に自分の感情を特定し、その理由や事象を分かりやすく書く。これだけでも十分、感情は伝わります。

○○をご対応いただき、ありがとうございます

○○をしていただき助かりました

〜〜について××のため困っております

POINT
1. 顔文字や絵文字は特定の小集団内だけで使う
2. 集団外の人へは文字の方が気持ちは伝わる
3. 感情を伝えるときは具体的に書く

11 ずるい人は、ネットの嘘にだまされない

 ### 「よろしくお願い致します」論争

インターネットは本当に便利です。知りたい言葉やURLを入力するだけで、すぐに検索結果が出てきます。

さらにその該当した情報を、もっと掘り下げて読んでみると、別の解釈が見つかることもあります。

> 突然ですが、ここで問題です。下の２つの言葉、ビジネスメールではどちらが正しいでしょうか？
>
> ❶よろしくお願いいたします
> ❷よろしくお願い致します

正解は「どちらでもいい」です。

インターネットには、たくさんの情報があります。ある記事では正解とされていることが、別の記事では不正解となっていることも珍しくありません。

言葉遣いに不安を抱えていると「間違いたくない」と

いう思いから、このような「どちらでもいい」ことでも「正解」を探してしまいがちです。

正解は、適切な場所に落ちている

インターネットで探し出した情報が、必ずしも正解とは限りません。

そのため、常に正解を求め続けてしまうと、長い時間をかけて、自分が正解だと信じられるものを探し続けることになります。

ずるい人は、そんなことに時間をかけません。
情報源を限定しているのです。

「言葉」について調べるときは情報源をどこに求めるべきなのか……それは「辞書」です。

確実な正解を求めるあなたへ

一般的に使われている言葉の多くは、辞書に収録されています。

辞書は、多くの人が編さん作業に関わり、多くの人の目を経て、世に出されます。そのため、信頼できる、精度の高い情報と考えることができます。

ただし、辞書と一口に言っても、それぞれの出版社で

方針があり、掲載されている言葉や表現は異なります。革新的な解釈であったり、昔からの流れをくんだ保守的な解釈であったり。

　言葉を厳密に使っていきたいのなら、辞書を1、2冊、常備してもいいでしょう。

　また、国が出しているものにも、判断のよりどころにできるものがあります。

　文化庁は、国語の改善・普及なども行っている行政機関です。
　そのため「表記のよりどころに関する参考資料」「敬語の指針」「公用文作成の考え方」などのような、ビジネス文書やメールで活用できる情報を発信しています。

「この言葉で合っているかな」「漢字にしたらいいのかな、それとも、ひらがなの方がいいのかな」などと迷ったとき、国語辞典や、行政機関が発行している報告書などは、判断の支えになります。

根拠のある言葉選びは、信頼につながる

　上司にメールのチェックをお願いしたときに「なぜここに、この言葉を使ったの？」と理由を問われたり、誤りを指摘されたりしたら、その言葉を使った根拠を、どのように答えるのが最適でしょうか。

❶インターネットに書いてあった
❷辞書で調べた
❸文化庁のウェブサイトに載っていた

❶だと「個人的な意見」と受けとられる可能性がありますが、❷❸は「明確な理由」がある、と相手も考えるでしょう。

確実な情報源から得た言葉を使っているだけでも、信頼できる人だと思ってもらえます。

困ったら、信頼性のある情報源に頼ることが大切です。

1. インターネットには偽情報がある

2. 辞書は大人数で時間をかけて編さんされている

3. 辞書と国の発表をよりどころにしよう

12 ずるい人は、メールをアレンジしない

 メールボックスの中で目立つメールなど、ない

仕事において独自性を活かすことは大切ですが、ビジネスメールに独自性はいりません。

独自性とは、他とは違うこと、違って特別であること、その人ならではの持ち味などを意味します。

なぜ、ビジネスメールには独自性がいらないのか。

ビジネスメールで独自性を出したいと考える背景には、上司や取引先の相手に「覚えてもらいたい」「認められたい」という思いがありそうです。

しかしメールの質を評価するのは、読み手側です。
送り主が個性や独自性を出したメールを、読み手側が「悪目立ちしている」「読みにくい」と捉えたら、その時点で、それは「悪いメール」になってしまいます。

ビジネスメールに求められるのは「堅実さ」です。目立つようなメールではなく、平凡でありしっかり伝わる、

どこに出しても恥ずかしくないメールを目指しましょう。

 ## カワイイは、ときに仇となる

　メールの署名欄に「♪★☆」などを使って、装飾をしている人はいますか。
「キラキラしてカワイイ」「目立つ」といった利点があるかもしれませんが、署名はメール上の名刺です。

　会社が用意している名刺を好き勝手に装飾してはいけないのと同様に、メールの署名も、会社のブランドイメージに合ったものにした方が、相手は違和感を覚えないでしょう。

　また、メールの末尾には「よろしくお願いいたします。」というあいさつを書くのが一般的ですが、これをアレンジする必要もありません。
　送る相手や季節によって変えている人もいますが、それは無駄な行為だと言えます。

> 暑い日が続きますが、どうかご自愛いただきますよう、お願い申し上げます

> 花冷えの時季でございます。○○さまもくれぐれもご自愛くださいませ

　このようなあいさつをもらえると、少しうれしいかもしれませんが、結局のところ、通り一遍のあいさつに過

ぎません。

それに「今の季節を表す言葉はなんだろう」と検索をして書けば、それだけメールの作成にかかる時間も増えます。

ビジネスメールでは常に、加点を望むよりも減点を恐れた方がいいですし、手間をかけるよりも楽な方を選ぶべきです。

 普通のメールが◎

ビジネスメールで一番大事なのは、やはり中身です。中身がしっかりしていなければ、その他の気遣いや独自性は加点になりません。

まずは、普通の、しっかりと中身のあるメールを徹底しましょう。

> ◎ビジネスメールに不可欠な要素
> ・相手の質問への回答
> ・分かりやすい文章構成、表現
> ・読みやすい文字数、言葉遣い、トーン

これらが抜けなく、完璧に書けるようになってから、プラスアルファを加えていくのが、自然な流れです。

気遣いのメールは1日にして、ならず

	気遣いがある	気遣いがない
分かりやすい	◎	○
分かりにくい	△	×

　このように「気遣いがある×分かりにくい」よりも「気遣いがない×分かりやすい」メールの方が優秀だと言えます。

　そのため、分かりやすいメールを書けているかどうか、まだ自信がない人は、プラスアルファの気遣いに手を出す必要はありません。

　ゆっくり焦らずに、メールの道を進みましょう。

POINT
1. メールに個性は求められていない
2. 工夫の方向性を間違えてはいけない
3. 独自性を出すのは最後

13 ずるい人は、メールを視覚的に最適化する

あなたのメール、読まれていないかも

仕事のメールは「届いたら必ず読んでもらえるもの」ではありません。読むか、読まないかを都度、判断されています。そのため、メールが無事に送れても安心してはいけません。届いていても開封すらされない可能性もあるのですから。

また、開封の関門を突破できても、開いたメールが視覚的に「読みにくい」と感じられてしまったら、1文字も読んでもらえない可能性もあります。

そのためずるい人は、読みやすいメールを目指すために、文章の内容だけでなく、メールのレイアウトにも気を配っています。

視覚的なメール戦略

開封した瞬間に「読める」「読みやすい」「分かる」

「すぐ分かる」と思わせるメールは、構造化されています。構造化は、メールの型を守ることによって実現します。

一般的なビジネスメールは、次の7つの要素で構成されています。

> ①宛名 ②あいさつ ③名乗り ④要旨
> ⑤詳細 ⑥結びのあいさつ ⑦署名

これは習慣として、多くのビジネスパーソンに定着している型です。この型に沿ってパーツを配置すれば、ある程度は読みやすいメールになります。

しかしずるい人は、さらにメールを読みやすくするために「改行と行間を使ってメールに空白を作る」という工夫をしています。

型通りに情報を並べても、改行や行間がないと文字が詰まった印象を受けるので、各パーツで伝えたいことを構造的につかめません。

空白を作るために、1行の文字数は20〜30文字程度とし、改行しましょう。改行のタイミングは文節や句読点などのすぐ後です。このとき、単語が2行にまたがってしまわないように注意します。

句点（。）で文章が終わったら、意味が変わるところで行間を入れます。これによって、空白が生まれます。空白と空白で挟むことによって、意味のかたまりを作り、

さらに読みやすいメールを目指すのです。

これが、読みやすいメールのレイアウトだ！

```
MAIL                                          ×
山田太郎様
      ←宛名を書いたら1行空ける
お世話になっております。←あいさつと名乗りはセットなので行間をとらない
一般社団法人日本ビジネスメール協会の平野友朗です。
      ←名乗りと要旨の間は空ける
このたびはビジネスメールの集合研修をご依頼いただき  ←文節でタイミ
ありがとうございます。                            ングを見て改行
```

読みにくくて何度も戻って読み直させる、というのは相手の時間を奪う行為に他なりません。

メールのレイアウトを考えるのも、大切なことなのです。

POINT

1.「読みたい」「読める」と思えるようなレイアウトにする

2. シンプルなメールを目指す

3. 再読は、相手の時間を奪う行為だと考える

ZURUI MAIL JUTSU

2章

返信がもっと楽に・スピーディなる！

自分軸なのに「好感度が上がるメールの返信」

1 ずるい人は、メールを1往復半で処理する

 その気遣い、間違っているかも？

「メールのやりとりは、少なければ少ない方がいい」というのは大きな間違いです。

「メールは1往復で終わらせた方がいい」と考えて、受領の連絡をしないでいると、相手はちゃんとメールが届いたのか不安になります。実は受領の連絡が、相手に安心感を与え、信頼を獲得するのに役立っているのです。

アシスタントにパワーポイントの資料作成を依頼する例で、1往復と1往復半の違いを見てみましょう。

● **1往復**
アシスタントにパワーポイントでの資料作成を依頼
↓
依頼された資料を作成し、あなたに提出

● **1往復半**
アシスタントにパワーポイントでの資料作成を依頼
↓
依頼された資料を作成し、あなたに提出
↓
作成のお礼を伝え、やりとりが終了

１往復半で、効率よく、信頼と好印象を勝ちとる

どうですか。１往復半のやりとりの方が、思いやりを感じませんか。

ずるい人はこのように、メールを戦略的に使っています。常にメールは１往復半です。自分から依頼したものならば、自分でメールを終わらせます。

メールは情報伝達の手段であると同時に、コミュニケーションの手段です。使い方によっては、好印象につながったり、信頼獲得につながったり、安心感につながったりもするのです。

またそれだけでなく、１往復半でやりとりをすることで、仕事の効率も上がります。

先ほどの例で言うと、アシスタントが資料を提出して、そのメールを「受けとりました」と、あなたが返信しなければ「いつ見てくれるんだろう」と気になります。あなたが見ていなければ対応は完了しないので「修正してください」と指示が来る可能性を踏まえて、待たなければなりません。

返事がないのは複数の理由が考えられるため、相手は判断に迷います。その後の工程にも影響があるかもしれず、組織として時間をロスし、仕事の効率が落ちるのです。

しかし１往復半であれば、この問題は防げます。

「返事がない＝問題はない」ではない

「返事をしないのは問題がないからだ」「問題があれば返事をしている」といった主張もありそうです。これこそ自分都合の危険な論理です。

今回は「返事がない＝問題はない」だとしても、次回も同じとは限りません。返事がこないのが日常になれば「メールは送ったら必ず届いていて、返信がなかったとしても気にする必要はない」とアシスタントは学習します。

しかし「問題があるから返事をしたのに、アシスタントにメールが届いていなかった」という通信トラブルが起きたら、どうなるでしょう。アシスタントは「返事がない＝問題はない」だと思っているので、このトラブルになかなか気づけません。これは、１往復半を対応の基準にしていれば防げたことです。

ずるい人は、目先ではなくトータルの効率のよさで動きます。
「確認しました」と返信するのにかかる時間は１〜２分程度。普段からこのような返信をしていれば、仮に返信漏れがあったとしても相手から「返信がありませんが、確認していただけていますか」と連絡が来るでしょう。

自分を守る１通のメール

AさんとBさん、あなたはどちらと仕事をしたいと思いますか。

	Aさん	Bさん
対応したとき	いつもお礼を伝えてくれる	連絡なし
断ったとき	検討に対して、お礼を伝えてくれる	連絡なし
相談に乗ったとき	感謝の気持ちを伝えてくれる	連絡なし

こうして表にすると今さら感がありますが、相手を尊重したコミュニケーションをとることが信頼を生み、自分を守る結果となることがよく分かるはずです。

1. 1往復のメールはトラブルの種になる

2. 相手がどう考えるかを予測して返事をする

3. 相手の不安感をとり除くと信頼につながる

2 ずるい人は、わざとメールの返信を遅らせる

素早い返信でみんながハッピーに

あなたは「返信が早い人」と「返信が遅い人」のどちらに好感を持ちますか。

一般的には「返信が早い人」と答える人が多いそうです。返信が遅いと仕事が止まりますが、返信が早いとその分、仕事が速く進みます。
メールの送り主からは、感謝されることでしょう。

ビジネスメールにスピード感は重要ですが、常にそうとは言い切れないのです。

即レスにもデメリットがある

メールを受信したら、その場ですぐに決める、間を空けずに対応する、すぐに返信する。
そうした行動は、自分にもメリットがあります。

- 仕事ができる（速い）人だという印象を与えられる
- 手元のタスクを減らせるためストレスフリーに
- 返信し忘れるリスクを減らせる

ここまで読むと「ずるい人は、必ず即レスをしているんだな」と思うことでしょう。

しかし実は、即レスにもデメリットがあるのです

- 暇だと思われる
- 熟慮していないと誤解される
- メールを常にチェックしなければいけない

やはり、こうした返信の早さにも決まった正解がないのが、メールの難しいところです。

しかし裏を返せば、決まった正解がないからこそ、使い方次第ではメールが強力な武器になる、とも言えます。

心配はいりません。コツさえつかめば、あなたもすぐにメールを使いこなせます。

効果的に、メールの返信を遅らせる

もちろんずるい人は、原則、即レスです。

しかし、即レスによって逆効果になる場合は、あえて翌日に持ち越すこともあります。

メールの返信を意図的に遅らせて、コミュニケーションのペースをコントロールするのです。

　例えば、依頼メールを送った数秒後に「お断りします」と返信が来たら、どう思いますか。

ちゃんと読んだのかな
検討してくれたのかな

　人によってはその事務的で機械的な対応に気分を害するかもしれません。

　このように、難しい案件に対する相談メールや断りメールを送る場合、即レスをすることで「熟慮していない」という印象を与えてしまう可能性があります。

　「じっくり考えて悩んだ」という姿勢を見せたいなら、1日くらい寝かした方がよいこともあるのです。

相手の立場になって、メールのペースを考えよう

　短時間にメールのラリーが続くときや、相手の感情にも気を配って対応すべきときは、メールのペースをコントロールした方がいいでしょう。

ただ、一概に「断りメールの返事は遅らせた方がよい」というわけでもありません。

例えば、何らかのスピーチを依頼されて、必ず誰かがその役目を果たさなくてはいけないとき、断る返事を1日寝かせてしまったらどうでしょう。送り主は次の候補者を探すのに使える時間が減ってしまいます。

このような場合は、即レスして丁寧に断った方が相手のためにもなるのです。

メールを即レスするか否かは、メリット・デメリット、相手の置かれた状況などを加味して判断しましょう。

1. 原則即レスだが例外あり

2. 断りや難度の高いメールは1日寝かせる

3. 常にどの対応が効果的かを考える

3 ずるい人は、メールで相手を動かせる

 気遣いの気持ちで目的が見えにくくなる

　メールで何かしてほしいことを伝えるとき、次のような言い回しをしていませんか。

> ご確認いただけませんか
> ご協力いただけませんでしょうか

　相手に対する気遣いの気持ちから、こういった言い回しを使いたくなる気持ちは、よく分かります。

　しかしこうした言い回しは、決定権を相手に与えてしまっている面もあるため、場合によってはそのパワーバランスを利用される可能性があります。

　あなたにそんな意図がなくても「するか、しないかは、こちら次第」と勘違いした相手が、こちらの思った通りに動いてくれなければ、「何かをしてもらう」というメールの目的は達成できません。

相手を「動かす」言葉の使い方

相手に委(ゆだ)ねた言い回しの背景には、相手への配慮があります。もちろん、心を配ることは大切です。人間関係に不可欠なことでもあります。

ただ、そのような相手任せのコミュニケーションで、本当に相手を動かせるでしょうか。

ずるい人は「相手に委ねるような言い回し」と「強い意志を込めた言い回し」を場面によって使い分けています。

- **相手に任せてもいい場面**
返信するかどうかを、相手が決める用件(自分に余裕があるとき、無理なお願いをするとき、など)

- **相手に任せてはいけない場面**
相手が返信しなければならない用件(自分が急いでいるとき、相手に非があるとき、主導権を握りたいときなど)

今すぐ使える！ フレーズ集

相手に動いてほしいときは、場面に応じて言葉を変えます。それによってこちらの真剣さが伝わったり、切迫感を演出したりすることができます。

「緊急ですのでお急ぎください」と「お手すきの際にご返信ください」では、相手の受けとる印象が大きく異なります。

どの程度の圧をかけるか、三段階でフレーズを下にまとめました。依頼の場面で活用してください。

強い意志を込めた言葉	丁寧だが急を要する言葉	相手に委ねた言葉
すぐにご返信ください。	早めにお返事をいただけると大変助かります。	お時間のあるときにご返信をお願いします。
至急ご連絡ください。	できるだけ早くお返事をいただければ幸いです。	お時間が許すときにご連絡ください。
お忙しいところ恐縮ですが、至急ご回答ください。	お手数ですが、お早めにご回答をお願い申し上げます。	ご都合のよいときにご回答いただければ幸いです。
緊急ですのでお急ぎください。	お忙しいところ恐縮ですが、早急にご返答いただければ幸いです。	お手すきの際にご返信ください。
迅速な対応をお願いします。	お急ぎのところ恐れ入りますが、早めにご回答をお願いできますか。	ご多忙のところ恐縮ですが、余裕のあるときにご返答いただければと思います。
急ぎの件ですので、速やかに返信をお願いします。	可能な限り早くご対応いただけますようお願い申し上げます。	お忙しいとは存じますが、可能な範囲でお返事いただければ幸いです。
可能な限り早くご返信ください。	お手数ですが、早急にご連絡いただければ幸いです。	お忙しいところ誠に恐縮ですが、ご返信いただければ幸いです。
急務ですので、即答をお願いします。	急ぎの件ですので、お早めにご返信のほどお願い申し上げます。	いつでも結構ですので、ご返答をお待ちしております。

たった一言加えるだけで、効果的なメールに変わる

相手に委ねる、委ねない、強い意志を込める、どれが正解かは、時と場合によります。その都度、判断が必要です。

営業職ならば「お決めください」「ご決断ください」という言葉をベースに、次のような言葉を足して、調整するといいでしょう。

> 可能な限り早く、お決めいただけますようお願い申し上げます

> 早急にご決断いただけますようお願いいたします

POINT

1. 配慮だけでは相手が動かないこともある

2. 時と場合によって、言葉のバリエーションを使い分ける

3. 決断を促すことは悪いことではない

4 ずるい人は、「3分の壁」を意識する

自分なりのルールを持つ

ずるい人は、メール1通にかかる処理時間によって、対応を変えています。

メールを処理する自分なりのルールを持っていて、場面や状況に応じて、判断しているのです。

そのためここでは「自分なりの処理ルール」を一緒に作っていきましょう。

メールの処理時間と種類を確認する

まずは、自分の基本能力を調べます。

メールの処理にかかる時間は、人それぞれです。

同じ内容であっても、新入社員とベテラン社員では、かかる時間が異なります。

あなたは通常、1通につき、どのくらいの時間をかけて処理していますか。

仕事の合間に、「自分のメール処理スピード」を測ってみましょう。

次に、メールの種類とあなたの状況ごとに、どんな対応をしているのか、自分の傾向を考えてみましょう。

以下は、一般的な傾向をまとめたものです。

種類	通常時	忙しいとき
迷惑メール	無視	無視
営業メール	流し読み 必要なものは返事	読まない
メルマガ／ メーリングリスト	流し読み 気になったら熟読	読まない
CCなどの 共有メール	流し読み 必要なものは対応	流し読み 必要なものは対応
個人宛てのメール	読むだけ 必要なものは返事	読むだけ 必要なものは返事

どうですか。主に「必要性」と「忙しさ」によって、読み方を微妙に変えていることに気づいたかと思います。

もし上の表のように、迷惑メールは常に無視していることに気づいたなら、迷惑メールフィルターを使って、不要なメールが目に触れないように設定します。

メルマガや営業メールも同様に、不要なら解除するか、フィルターを使って振り分けをしましょう。

仕事にいらないメールを視界に入れる必要はありません。

実際にやってみよう！

　さて、ここまできたあなたは、ついに「自分なりの処理ルール」を作る段階に来ています。

　メールの処理は主に「①読むだけ」「②読んで返信する」の2つに分けられます。どんな基準でその判断をするのか、自分なりのルールを決めましょう。

　全てのメールを順番に読んでいたら、すぐに処理が必要なメールまで、なかなかたどり着きません。そのため自分なりのルールを作って、後回しにするメールと、すぐに処理するメールを決めるのです。参考までに、私の処理のパターンを紹介します。

①読むだけ
5秒以内で「読まない」と判断する
1分程度の時間をかけて流し読みをする
3分未満で熟読する
3分以上かけて熟読する（★フラグをつけて後回し）

②読んで返信する
3分未満で返信できるならすぐに対応
3分以上かかるなら後で返信する（★フラグをつけて後回し）

3分で何ができる？

　ずるい人は、処理に3分以上かかるメール以外は、読んだらすぐに対応しています。後回しにはしません。

　3分あれば、会議の日程連絡を受けて、カレンダーに予定を転記するところまでできます。
　アポイントメントの依頼も、カレンダーを確認して空き日程を返信する――ここまで、3分もあれば対応できるでしょう。

　簡単なメールを優先的に処理することは、仕事の効率化にもつながるのです。

1. メールを分類して処理のパターンを決める
2. 必要のないメールは読まない
3. 3分の壁を意識して処理をする

5 ずるい人は、回答メールで差をつける

 あなたは2種類の引用方法を知っていましたか?

メールには「部分引用」と「全文引用」という2つの引用方法があります。

◎「全文引用」
相手のメールの上に新規でメールを書く方法

全文引用の例 ☒

田中様

お世話になっております。
アイコミ企画の山田です。

次回のお打ち合わせは再調整で承知しました。

日程は、ご指定いただいた
1月31日(水)15時〜16時でお願いします。

次回までにデザイン案を作成していただけると、
進行がスムーズになります。
ご用意いただければ幸いです。

ご確認よろしくお願いいたします。

（署名）

_____

> 山田様
>
> お世話になっております。
> アイ・コミュニケーションの田中です。
>
> 次回のお打ち合わせですが、
> どうしても外せない用件が入ってしまいました。
> 誠に申し訳ありませんが再調整をお願いいたします。
>
> 以下の日程はご都合いかがでしょうか。
> ■日時（候補日）
> 1月31日（水）15時～16時
> 2月1日（木）15時～16時
>
> 次回までに、デザイン案を作成した方がいいでしょうか？
> お手数ですが、ご回答よろしくお願いいたします。
>
> 田中一郎

◎「部分引用」

相手のコメントの一部（必要な箇所だけ）を引用して、その下に自分のコメントを書く方法

部分引用の例	☒

田中様

お世話になっております。
アイコミ企画の山田です。

> 次回のお打ち合わせですが、

> どうしても外せない用件が入ってしまいました。
> 誠に申し訳ありませんが再調整をお願いいたします。

承知しました。

> 以下の日程はご都合いかがでしょうか。
> ■日時（候補日）
> 1月31日（水）15時〜16時
> 2月1日（木）15時〜16時

それでは、1月31日（水）15時〜16時でお願いします。

> 次回までに、デザイン案を作成した方がいいでしょうか？

はい。
その方が進行がスムーズになります。
ご用意いただければ幸いです。

それでは、ご確認よろしくお願いします。

（署名）

 インラインは失礼ですか？

受信したメールの中に「インラインで失礼します」という言葉を見たことはありますか。

インラインとは、部分引用のことを指します。

つまり「インラインで失礼します」とは「あなたの文章の間に自分の文章を差し込んで回答することを、お詫

びします」というメッセージです。

　この文章を見ると「インラインでの返信は失礼なことなんだ」「一言断るのがマナーなんだ」と思うかもしれませんが、一般的には、これは失礼にあたる行為ではありませんし、自由にやってかまいません。

　もちろん、失礼かどうかの判断は、一般常識で決められるものではなく相手の感覚次第です。インラインを失礼だと思う人もいるかもしれません。

　しかし、インラインは相手が不快になるリスクを考慮しても、使うべきとても便利な返信形式です。
　ずるい人もそれを理解した上で、インラインを活用しています。

複雑になりがちな回答メールをシンプルに！

　受信したメールに、長文の質問や、複数の質問があったとき、回答が複雑になって大変な思いをしたことはありませんか。

　そんなときは、部分引用を使いましょう。分かりやすい回答を、簡単に書くことができます。

　まずは、相手からの質問を部分的に引用します。
　そして、その下にあなたの回答を書きます。

これで終わりです。相手が書いた質問内容を要約したり、まとめ直したりする必要はありません。

　全文引用で必要な「相手のメールを要約する」と「自分の意見を伝える」を同時に行うのは至難の業です。

　要約した文章に誤りがあれば、食い違いが生じて、話がこじれていく可能性があります。相手が複数の質問をしてきたら、高い確率で回答漏れが起こるでしょう。

　部分引用は、1問1答形式で回答するだけです。全文引用で生じるような問題は起きません。

楽になるだけでなく、相手も読みやすい

　全文引用と部分引用を比べてみると、入力する文字数や回答の複雑さ、読みやすさの違いに気づけるでしょう。

●**全文引用で、イチからコメントを書いた場合**

> 次回の打ち合わせは10月25日（金）10時〜11時、貴社会議室で承知しました。

●部分引用で、コメントを書いた場合

> 次回の打ち合わせは以下でお願いします。
> 日時：10月25日（金）10時〜11時
> 場所：弊社会議室

承知しました。

　このように部分引用は、相手の質問の下に回答を書きます。メールの送信者も、質問と回答が並んでいるものが返信で届くので、自分の質問を思い出したり確認したりする必要がありません。

　部分引用をかしこく使って、楽にメールを処理しましょう。

1. 部分引用は雑な対応ではない

2. 部分引用の方が速く書ける

3. 全文引用は要約力が必要

6 ずるい人は、メールを比較しない

 「どれから返そう……」

　出勤してメールボックスを開くと、昨夜から届いていた大量のメールを前に、どのメールから処理をしていけばいいのか、悩んだことはありませんか。

> 効率よく返信して、なおかつ、
> 相手にも好印象を持ってもらいたい

> 場合によっては「仕事ができる人だ」と
> 思ってもらいたい……

　メールの返信の順番には以下のようなものが考えられます。どれが一番効率的でしょうか。

・優先順位が高いものから処理
・古いものから処理
・新しいものから処理
・簡単そうなものから処理
・難しそうなものから処理

99回の無駄な作業

　丁寧な仕事をしたいと思っている人は、メールの優先順位を考えて対応するかもしれません。
　届いているメールが4、5通なら、全てのメールに目を通してもあまり時間がかからないので、問題ありません。

　しかし、50通、100通のメールが届いていたらどうでしょうか。

　優先順位をつけるには、AとBのメールを比較する必要があります。Bの方が優先順位が高いと思ったなら、次はBとCを比べて、また優先順位をつけるわけです。

　メールが100通あるならば、このような比較の処理を最低でも99回行ってから、やっと最初に処理するメールを選べます。
　いつもは無意識に優先順位を決めているかもしれませんが、それは生産性が高い行動とは言えないでしょう。

　もちろん「大事なメールに速く返してあげたい」「重要なメールは速く対応してあげたい」という気持ちは理解できます。
　しかし、古いものから順に機械的に処理したとしても、優先順位をつけて処理したとしても、その差は30分程度なのです。

優先順位をつけずに処理する

　ずるい人は、メールに優先順位をつけません。古いものから順に、機械的に処理します。

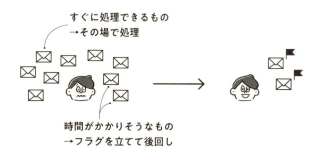

すぐに処理できるもの
→その場で処理

時間がかかりそうなもの
→フラグを立てて後回し

　優先順位をつけるのは、このような仕分けをした後で行うべき作業です。まずは、目の前にあるメールの山を少しでも減らすことを、意識しましょう。

 ## 隙間時間はメール時間

　50通のメールの内、目を通すだけのものや、簡単に返信ができるものが8割くらいを占めていたとしたら、古いものから順に処理をするだけで、すぐに残り10通くらいまで減らせます。

　処理すべき対象物が減ったら、後は、隙間時間で処理していけばいいだけです。

処理する前に、処理にかかる時間を見積もります。10分かかるメールならば、仕事の中で10分の隙間時間を見つけて対応します。

会議が始まるまでの時間、昼食の前の時間など、何かの予定の前にこういった業務は対応しやすいでしょう。

これを繰り返すと、隙間時間には必ずメールの処理をする習慣がつくので、全体の仕事の密度が高まり、仕事が一気に速くなります。

1. メールに優先順位をつけるのは時間の無駄

2. 古いものから順に処理する

3. 常に処理する対象物を減らす努力をする

7 ずるい人は、メールの返信を待つだけではない

 ### 行方不明のメール

メールの返信がなかなか返ってこないときに、次のような不安を抱いたことはありますか。

> あのメール、ちゃんと届いていなかったのかな
> まだ読んでくれていないのかな

メールは不確かなコミュニケーションです。
送ったメールが100％相手に届いて、100％相手が読んでくれる……とは限りません。

通信経路のどこかで、なくなるかもしれません。
最近は多くのメールサービス提供者が、迷惑メールの撲滅に力を入れています。そのため、あなたのメールが、そのフィルターに引っ掛かってしまうこともあります。

また相手が受信できたとしても、相手の誤操作で削除されるかもしれません。たくさんのメールの中に、埋も

れてしまっている可能性もあります。

◎ メールが届かない理由

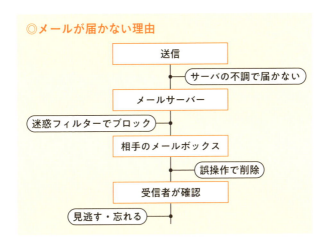

ただ待っているだけだと事態が悪化する

メールの返信が来ないからといって、相手に確認や催促の連絡をするのは気が引けることでしょう。

相手の気持ちや状況をおしはかるあまり、締め切りを過ぎても数日待ってしまう、なんてこともあるかもしれません。

今ちょうど返事を書こうとしているのでは

もしかしたら忙しいのかな

不安な気持ちを抱えたまま数日を過ごし、仕事も進められず、締め切りも過ぎている……こんなことにならな

いために、あなたはどうすればよかったのでしょうか。

返事がないなら、相手に確認するしかない

ずるい人は、相手に過度な期待はしません。

これは決して冷たい考えではなく、人間なのだから、間違えるかもしれない、忘れるかもしれない、抜け漏れがあるかもしれない、それも当然だと考えています。

だからこそ、相手から返事がないからといって「返信がありません」「なぜ返信しないのですか」とストレートに伝えたりはしません。

そもそも相手を責めるようなことではないし、そんなことをしても、関係を悪化させるだけだと知っているからです。

では、どうやって相手に確認をしているのか。
場面ごとに見てみましょう。

○相手に口頭で伝える場合

> ○○のメールをお送りしました。不明点はありませんか

> ○○の件、ご対応をお願いします

このようにさりげなくメールの存在を伝え、相手の反応をうかがいます。

口頭で確認をする方が、あなたも相手も変に気を遣う必要がないでしょう。

○相手にチャットやメールで伝える場合

チャットなどでやりとりをする間柄なら、何かのついでに伝えてもいいでしょう。

> ○○の件についても、よろしくお願いいたします

相手が外部の人や上司で、メールでやりとりをする場合は、気遣いのフレーズを使いながら、メールの存在をさりげなく伝えます。

> ご不明な点はありませんか

> こちらでお手伝いできることは何かありませんか

どの場合でも、今のタイミングなら十分間に合うという段階で、余裕を持って確認しましょう。

POINT

1. メールを送っただけでは伝えたことにならない

2. さりげなく受信状況を確認し、ボールが相手に渡ったことを確認する

3. 期限ギリギリになってからの確認はNG

8 ずるい人は、宛名に注目する

 宛名は情報の宝庫

メールの最初に書かれている宛名に注目すれば、メールを開封して5秒以内に「読む」「読まない」を判断できます。

以下は、あなたの名前を「山田太郎」とした場合の判断方法です。ぜひ参考にしてみてください。

↳ 宛名に自分の名前が書かれているときは「自分宛てだ」と判断し、しっかりと読むようにしましょう。

↳ 宛名が「関係者各位」「各位」などとなっている場合は、複数に送っていると判断します。通達のようなメールである可能性が高いので、初めの部分をしっかりと読み、自分に深く関係するかしないかによって、その後の読み方を判断しましょう。

「CC」欄に自分の名前が入っているときは「共有メールだ」と判断し、読み流す程度で十分です。

宛名に自分の名前がないということは「CC」もしくは「BCC」で受けとっているということなので、こちらも読み流しましょう。

また、宛名に注目することで、相手のミスに気づくこともできます。

「TO」で受けとっているのに、宛名に自分以外の名前が書かれているときは、宛先間違えの可能性が高いでしょう。

送り主が自分と関係の浅い人だった場合は、宛先間違えの可能性を考え、送信者に対して「宛先をお間違えではありませんか？」と確認した方が安心です。

「BCC」は危険

　宛名に名前が書かれていないメールを受けとった場合は、相手の書き忘れや誤送信以外にも「BCC」で一斉送信をしている可能性があります。

「BCC」を使えば、受信者のメールアドレスが見えない状態で、一度に多くの人にメールを送れます。
　夏季休暇の連絡、休業のお知らせ、移転のお知らせ、価格変更のご案内、のような内容でよく使われています。

　しかし「BCC」には大きなリスクも伴います。

「BCC」で送ろうとしたのに、間違って「CC」にメールアドレスを入れて送ってしまった場合、そのアドレスは受信者全員に表示されてしまいます。

　これはれっきとした誤送信で、万が一やってしまった場合には、会社への報告が必須です。
　場合によっては、お詫び文をウェブサイトに掲載したり、謝罪行脚(あんぎゃ)が必要になったりするかもしれません。

> 特別な理由がない限りは
> 「BCC」は使わないでおこう…

10人くらいに一斉送信したいなら、1通1通、宛先を「TO」に設定して書くべきですし、それ以上ならば、一斉送信ができるメール配信システム（例：「アイ・メール」http://imail-system.com/）を使うことをおすすめします。

あいさつで分かる、相手との関係

宛名の次に書かれている、あいさつ言葉も「読む」「読まない」の判断材料になります。

> 突然のメールで失礼いたします

このように書かれていれば、面識のない相手からの営業、あるいは一方的な連絡であることが予測できます。

そのため、忙しいときは無理に読まなくてもいいでしょう。

POINT
1. 宛名のパターンを見極めて、自分宛てのものだけしっかり対応
2. 可能性を考えて宛先間違いをケアする
3. あいさつも自分宛てのメールか判断する手がかりになる

9 ずるい人は、メールのマナーを守る

 メールの基礎知識

　メールの宛先には「TO」「CC」「BCC」の3種類があります。どこにメールアドレスを入れて送るかによって、求める役割が異なります。

- 「TO」メールの返信や対応を求める人を入れる
- 「CC」メールを同時に共有したい人を入れる
- 「BCC」存在を伏せて共有したい人を入れる

　仕事では、情報を共有したい場面や相手が多いので、社内外を問わず「CC」は重宝されています。

　相手が「CC」に誰かを入れているのは、あなたとの連絡を共有する必要があると、判断したからです。だから、あなたも返信をそのまま、共有し続ける必要があります。

「CC」に入れるということは「その後のやりとりも共有したい」という意図があるからです。

94

返信ボタン1つで仲間外れに

　メールの返信をする際に「全員に返信」を選択しないと、その返信メールは「送信者のみ」に送られます。「CC」に入っていた人は、情報共有から外れてしまうのです。

山田さんがメールを受信する　　　　　　　　　　　　　　☒

送信者　高橋さん
TO　　山田さん
CC　　田中さん

受信した山田さんが「全員に返信」するとこうなる　　　☒

送信者　山田さん
TO　　高橋さん
CC　　田中さん

受信した山田さんが「送信者のみに返信」するとこうなる　☒

送信者　山田さん
TO　　高橋さん
CC　　ー　（←CCの田中さんが宛先から外れる）

 ## メール返信のマナー違反

　相手が「CC」に入れて送ってきたメールへの返信で、あなたが「CC」を勝手に外してしまうのは、マナー違反にあたります。

例外として、一斉送信メールへの返信では「CC」を外しても問題ありません。
　例えば、総務部から100人の社員に「TO」や「CC」で一斉送信メールが送られてきたとします。
「分かりました」と全員に返信してしまうと、99人の社員にとっては不要なメールが生まれます。
　共有する必要がない内容なら、送信者のみに返信すれば十分です。

相手から決定権を奪う、間違えた配慮

　マナーの一環として、一方的な連絡は返信の手間をかけさせないために「返信不要です」と一言添えるのを「思いやり」として推奨しているのをときどき耳にします。

　しかし、ずるい人は「返信不要」という言葉を使いません。なぜなら、返信するかしないか、その決定権は受信者にあるからです。

　そのため「返信不要」という言葉は、気遣いのようで「返信を受けつけない」といった一方的な拒絶だと思われてしまう可能性があるのです。

　何らかの通達メールを大勢に送る場合など、一方通行で受信するだけ、読むだけで完結できるメールに「返信不要」とあっても、違和感はありません。
　しかしそういったメールはごく稀です。

基本的には、受信したこと、内容を理解したこと、対応したことを伝えなければいけないメールが多いので、やはり返信は必要なのです。

メールは誰が終わらせるべき？

また他にも「メールは自分／年下／部下が終わらせるべき」という信念を持っている人もいます。

これも一見、思いやりがあるように思えますが、相手も同じ信念だったら「よろしくお願いいたします」「いえいえ。こちらこそ……」「いえいえいえ。本当にこちらこそ……」と延々に続くことになります。

自分のポリシーや年齢、立場にとらわれず、適切なタイミングでメールを終わらせる、という柔軟な対応も大切です。

POINT
1. CCの受信者がいるなら、原則「全員に返信」する
2. 返信するかどうかは相手が決めるもの
3. メールの終わりは相手に任せる勇気を持つ

10 ずるい人は、メールをこうやって読む

 効率的なメールの読み方

ずるい人は、メールを全て細かく読み込むのではなく、強弱をつけて効率的に読んでいます。

メールの各パーツを分解して、要素を区別しながら読んでいるのです。

宛名	自分宛てか「CC」で受信したのかを確認。「TO」で受けたものは、処理が必要なのでしっかり読もうと考える。「CC」で受けたものは、全体的に流し読みをする。
あいさつ	読み飛ばすが、ないと違和感を覚える。
名乗り	誰から来たメールかを確認。送信者名を見て認識しているなら読み飛ばす。
要旨	メールの全体像をつかむ重要なポイントなので必読。要旨が書かれていないメールは、全体を眺めて要旨を推測してから読む。
詳細	メールの重要な箇所。熟読して全体を理解する。

結びのあいさつ	読み飛ばすが、ないと違和感を覚える。
署名	読み飛ばすが、ないと違和感を覚える。

 忙しいときは、ここだけ読む

　メールを急いで読むときには「漢字」「カタカナ」「数字」「文末」に重きを置いて読むのがおすすめです。

　助詞なども重要ですが、全体をつかんだり、内容を理解したりするだけなら、ひらがなは飛ばしても問題ありません。

　以下は、私が以前、X（旧Twitter）に投稿した文章です。

> 『ビジネスメール実態調査 2024』の回答数が 833 件となりました。目標まであと 1,167 件です。メールを利用されている方は、ぜひともご協力ください。

↓ここからひらがなと句読点を抜いてみると……？

> 『ビジネスメール実態調査 2024』回答数　833 件　目標　1,167 件　メール　利用　方　協力

　いかがでしょうか。ひらがなや句読点がなくても、全体の意味がある程度、捉えられると思います。

移動中や勤務時間終了間際など、急いでメールを確認しなければいけないときに、ぜひ使ってみてください。

✓「ずるい」テクニック

この読み方は、社内連絡を読むときにもとっても便利だよ！

例
「〇〇会社では、下記の日時に防災訓練を実施いたします。非常放送、および自衛消防隊の指示に従い、迅速に行動していただきますよう、ご協力よろしくお願いいたします。
↓

「〇〇会社　下記　日時　防災訓練　実施　非常放送　自衛消防隊　指示　従　迅速　行動　協力　願」

POINT

1. 強弱をつけてメールを読む

2. 要旨と詳細をしっかり読む

3. 速読ではなく飛ばし読みで十分

ZURUI MAIL JUTSU

3章

"これだけ"であなたの仕事が変わる

印象を自在にコントロールする「メール戦略」

1 ずるい人は、誤字をあまり気にしない

 「誤字は絶対にダメ！」という勘違い

上司や先輩に誤字を指摘されるたびに「しまった。次はしっかり書かないと」と思っていませんか。誰もが気づきやすく、指摘しやすいのが誤字なので、注意される回数も多いでしょう。

同じ指摘が続いたら、恥ずかしかったり、情けなくなったりするかもしれません。そうなると「次こそ誤字をなくそう」とチェックにいっそう時間をかけるようになるのも自然な流れです。

<u>しかし本当に、そんなに時間をかけてまで、誤字をつぶす必要があるのでしょうか。</u>

誤字をなくすことより重要なのは、メールの目的を達成することのはずです。極端な考え方かもしれませんが、最初のうちは、目的を達成できるならメールに多少の誤字があっても構わないと割り切って考えてみてはどうでしょうか。

✓「ずるい」テクニック

時間をかけてチェックして誤字のないメールが書けたとしても、その中身が、目的の「報告」「依頼」「確認」などを達成できないものだったら、意味がないよね。時間をかけるべきところを、もう一度見直してみよう！

新常識！「許される誤字」

例えば、次の2つの文があったとします。

❶ 今後ともよろしくお願いいたします。

❷ 今後ともよろしくお願い板します。

❷は「今後ともよろしくお願いいたします。」の誤変換であることは、容易に想像がつきます。

では、❷を書いたからといって、叱責を受けたり、取引停止になったりする可能性はあるでしょうか。

もちろん、誤字はないに越したことはありませんし、細かなところまで注意が行き届いていない印象を与えてしまう可能性もあります。しかし、普段から仕事に真面目にとり組んでいれば、この程度のミスは帳消しになるでしょう。

メールの目的を邪魔しない誤字であれば、躍起になっ

てつぶす必要はないのです。

メールチェックは「ここ」を見る！

反対に、メールでやってはいけない誤字も存在します。

◎注意！ メールでやってはいけない誤字

・取引に支障をきたすもの
　例）金額、数量、名前、納期

・フォーマルな度合いが高いもの
　例）移転通知、休業案内、担当者の変更連絡など

　先ほどの誤字とは違い、こうした致命的な誤字を見逃してしまうと、トラブルに発展したり、仕事に対する姿勢を疑われたりする可能性があるので、十分気をつけましょう。

　しかし逆に、これらの誤字を徹底的に防ぐことに注力していれば、それ以外は、生産性を高める観点から、誤字を何度も確認してつぶす必要はないのです。

かしこく手を抜けばいい

このようにずるい人は、どの程度、手を抜けるかを理解しています。いい意味で手を抜く、さじ加減がうまいのです。

それは決して、いいかげんに仕事をするということではありません。しなければいけないこと、必要なことだけに力を尽くしているのです。

仕事の場面ごとに「どのくらいの誤字なら許容されるか」を考えています。言い回しや表現の違いくらいであれば、多少は目をつぶるというのも1つの考えです。

ただしメールとは違い、書籍には誤字があるだけで信頼が失われます。だから何度も確認して、著者や編集者以外にプロの校正者が関わって作り上げたものが書店に並びます。

そのため、この本には、ほぼ誤字がないはずです。

1. 場面に応じた許容レベルを把握する

2. 目的を達成できるのがいいメールと知る

3. チェックの優先順位をつける

2 ずるい人は、メールの主導権を握る

 若手社員ほど難しい「メールにおける配慮」

> 打ち合わせは、いつがご希望でしょうか

> どのようにしたらよろしいでしょうか

　あなたはこのような言い回しを「相手への配慮」だと思って、メールを送ったことはありますか。
「メールにおける配慮」を、相手の言い分を聞き入れることだと思っている人が多いようです。

　相手の希望や要望を聞いて、それを受け入れることが配慮なのだとすれば、こちらの希望や要望を伝えることは配慮に欠けるということになります。

　果たして、本当にそうなのでしょうか。

そのメール「後出しじゃんけん」では？

　前述したような相手に決定を委ねる言葉は、一見、気を遣っているように見えますが、実は相手に無駄な手間をかけさせる可能性があります。

　それはいったいなぜなのか。

　下のやりとり例を見て、あなたがメールを受けとった側だったらどうするか、考えてみてください。

相手：打ち合わせは、いつがご希望でしょうか

あなた：来週の月・水・金だったら都合がいいですよ

相手：すみません、その日は都合が悪いんです

　私がこうしたメールを受けとったら「それなら、先に候補日を出してくれればよかったのに」と、相手の配慮のなさに、少し残念な気持ちになりながら「では、再来週の火・金はいかがですか」と返信をすると思います。

　皆さんは、どうでしょうか。
　相手にネガティブな感情を抱いてしまったのではないでしょうか。

このように、相手に決定を委ねるメールは、一概に「配慮できている」とは言えないのです。

 ## メールの主導権は、誰でも握れる

　ずるい人は、メールの主導権を自分で握ります。
　相手に任せるのではなく、こちらの都合を伝えた上で、選んでもらうようにするのです。

　メールの主導権を握ると言われると偉そうに聞こえて、真似しにくいと思われるかもしれませんが、相手にも次の2つのメリットがあります。

> 1. 情報を全て出してから考えられる
> 2. 無駄な思考をカットできるので効率がいい

　それに、選択肢を提示するのは、そんなに難しいことではありません。

> 私は、来週だと火曜日と木曜日が終日空いています。○○さんのご都合は、いかがですか

> 定価は100万円ですが、ご予算に収まりそうでしょうか

　こうすることで、両者の希望や条件をすり合わせた、お互いに納得ができる着地点を見出すことができます。
　一方的に自分の条件を押しつけているわけではないの

で、無礼や生意気といったネガティブな感情は抱かれません。

判断材料を提供しよう

「何か食べに行きませんか？」と丸投げされるよりも「和食か中華を食べに行きませんか？」と誘われた方が、予算や場所、食事のジャンルなどを考える必要がないので、気軽にOKできませんか。

これは、相手からあなたへの思いやりです。

このように、自ら相手に働きかけるときは、相手に全て任せるのではなく、自分で場をコントロールする意識を持ちましょう。

まずは自分から、相手が判断するための材料を提供するのです。

POINT
1. 相手の都合を聞きすぎない
2. 希望や要望、条件は事前に伝える
3. 相手に判断材料を提供する

3 ずるい人は、最適な時間にメールを送る

 メールチェックは千差万別

あなたはいつ、仕事のメールをチェックしていますか。

- 通勤途中に、スマートフォンなどでメールをチェックして、あらかたの処理を終える
- 会社に着いたら真っ先にパソコンを開いて、メールをチェックする
- 午前中は重要な業務にあてて、メールは昼過ぎにチェックする
- 出社したらメールをチェックして、外出から戻ったらチェックして、退社前にチェックするといったように、タイミングを決めている
- パソコンを使っての仕事が多いので、手が空いたらメールをチェックする

あなたがいつメールをチェックしようと自由であるのと同じように、相手がいつメールをチェックするのかをあなたがコントロールすることはできません。

そのためずるい人は、相手に合わせてメールを活用し

ます。

　相手の行動パターンを想定して、相手がメールの処理をしやすいタイミングを狙っているのです。

朝のメールは効果的

　私の仕事は、研修に登壇したり、企業のコンサルティングを行ったりと、多岐にわたります。オフィスでパソコンに向かっている時間は長いですが、外出や出張もあります。

　私は毎日メールをチェックしていますが、たまに、朝から外出していて、夜には懇親会があり、終日、メールをチェックできない日があります。そうなると、次にメールをチェックできるのは翌日の朝です。

　私のような働き方をしている人にメールを送るなら、朝の時間帯がベストです。
　その時間にメールを送れば、見てもらえる、返事をもらえる可能性が高いからです。

　社内で相手の姿が見えれば、何をやっているか分かります。メールを見ていない様子なら「すぐに見てほしい」と声をかけてもいいし、返信の猶予があるなら24時間を上限に待つ、といった判断も簡単にできます。

忙しいタイミングは「ここ」

では、社外の人にメールを送る場合、相手が忙しいタイミングはいつでしょうか。

一般的には、次のようなタイミングは忙しい人が多いです。

◎**週明け**
金曜日の夕方から土日に届いたメールがたまっている
◎**週の終わり**
「今週が期限」のような依頼メールがたくさん届く
◎**月初**
月末で締めた処理や月初の連絡などでメールがたくさん届く
◎**月末**
月末の処理に関するメールがたくさん届く

忙しさには必ず波があるよね…

これはあくまでも想像の世界で、業種や職種によって忙しいタイミングは変わります。

ただ、仕事をする中で周囲を観察して、これまでの返信をよく見れば、忙しいタイミングは分かるものです。

絶対NG！ メールを送ってはいけないタイミング

終業時間ギリギリのメールは、極力やめておきましょう。

終業時間が18時の相手に、金曜日の17時頃にメールを送ったならば、相手は当日のうちに対応することは難しいでしょう。

そうすると、相手は仕事をやり残したまま、週末を迎えることになります。

あなたは仕事が手から離れて、晴れ晴れとしても、相手にとってはそうではありません。

ずるい人は、こういった時間も意識して、メールを送っています。

POINT
1. 相手のタイミングを考慮してメールを送る
2. 週明け、週の終わり、月初、月末の送信は配慮する
3. 終業間際にメールを送らない

4 ずるい人は、仕事のチャンスをメールでつかむ

メールに隠されたもう1つの目的

メールを送る目的は人それぞれです。

相談メールならば「アドバイスをもらいたい」と思って送ります。依頼メールならば「相手に対応をしてもらう」のがゴールです。

報告や連絡、お知らせなどのメールは、返信が必要なかったとしても、相手にしっかりと受け止めてもらいたいという目的があります。

ずるい人は、そうした目的以外にも、プラスアルファの思いを込めてメールを送っています。

メールの切れ目が縁の切れ目

ずるい人は、月に1回メールを送り続けることで「いつか一緒に仕事がしたい」と思った人との関係が続くことを知っています。

なぜそんな送り方をするのかというと、数年後の未来を見据えているからです。

メールが届けば、そのたびに「あ！ ○○さんだ」と相手に思い出してもらえます。
メールの本文に近況報告や、ちょっとした提案があれば、さらに記憶に残りやすいかもしれません。興味を持って返事をしてくれる人もいるでしょう。

メールの返事がなくても、開封されなくても、ガッカリすることはありません。
送信者名を見た時点で「○○さんか、今回は返信（開封）しなくていいや」と、存在は認識してもらえているからです。

「送信不要」と言われないだけありがたい！

「どちら様でしたっけ？」と言われないように

接触が数年間ない相手のことを、あなたは覚えていられますか。

仮に覚えていられたとしても、何か困ったことがあったときに、2、3年接触がなかった相手の名刺を引っ

張り出して、わざわざ連絡をしようとは思わないでしょう。

　また、久々に連絡しても相手が覚えてくれていなかったら、ガッカリしますよね。
「なんで今さら連絡してきたんですか？」なんて言われたら、さらに悲しい思いをします。

　そんな思いをしないためにも、ずるい人は、ずっと連絡をし続けることで、相手とのつながりを保っているのです。

◎**こんな内容を定期的に送ってみよう！**
・業界の動向、トピックス
・お客さまに役立ちそうなノウハウ
・普段の仕事で使えそうなチェックリストや点検項目
・最近勉強していること、学んでいること
・会社の情報、ちょっとしたセールス案内
・それ以外に感じたこと、考えたこと

定期接触に向いていること

　関係を途切れさせないための連絡は、月に1回くらいがちょうどいいでしょう。売り込みにならない程度の情報提供なら、相手の邪魔にはなりません。

　年賀状や年賀メールのように年に1回だと、さすが

に忘れられてしまう可能性があります。

　月1回くらいの頻度で送るメールは、メルマガに近いイメージかもしれません。
　ただ、メルマガというと、ちょっと重たく感じるかもしれないので、ここでは名刺交換した相手への定期連絡くらいだと思ってください。

　これを続けていると「可能性はゼロだ！」と半分諦めていた相手と、数年後に仕事ができるようになることもあるので面白いですよ。

POINT
1. つながるべき人には、継続してコンタクトをとる
2. 返事がなくても全く気にしない
3. 相手が連絡しやすい環境を作ってあげる

5 ずるい人は、「心地のよいメール」を書く

「心地のよいメール」とは？

> メールが冷たいって言われます
> メールが硬いって言われます
> メールが上から目線だと言われます
> メールがくだけすぎているって言われます
> メールが馴れ馴れしいって言われます

これらはどれも、私が実際に相談されたことのある悩みです。

皆さんは、メールの「トーン」を気にしたことがありますか。トーンとは、勢いや調子のことです。
勢いをつけて元気よく、それとも、勢いを落として静かに、といった<u>細かいトーンの違いがメールの印象を左右します。</u>

会話では、話のスピードや声の大きさなどでトーンを調整しています。興奮すると話すスピードが速くなっ

り、怒ると声が大きくなったり、自信がないと声が小さくなったり。お互いのトーンが合うと、心地のよいコミュニケーションができます。

それでは、メールのトーンは何で決まるのでしょうか。

それは「使う言葉や記号、言い回し」です。場面や関係性に合った選択ができれば、トーンの合った、違和感のないやりとりができるようになります。

「お世話になっております('w')」は正しい？

顔文字を使ってもいい？

難しい言葉を使った方がいい？

こうした、相手とのトーンに関する問題に完璧な正解はありません。
顔文字や「w」を使ったメールを受けとって「馴れ馴れしすぎる」と感じる人もいれば「親しみやすい」と感じる人もいるからです。

ずるい人は、相手のメールに合わせてトーンを調整しています。
相手が真面目な言葉を使っていたら、こちらも使う。

くだけた表現が多ければ、こちらも言葉を崩す。

　使う言葉のトーンを合わせることで、相手にとって心地のよいメールを目指します。

言葉遣いを親密レベルで考えてみよう

　家族やパートナーに使う言葉と、お客さまや上司に使う言葉は違います。私たちは常に人との距離を測って、その場に合った言葉を選んでいるのです。

　以下は、親密さを10段階に分けた表です。これは私が分類したもので、明確な根拠があるわけではありませんが、これを使って、あなたの言葉遣いを「親密レベル」で捉えてみてください。

親密レベル10	家族やパートナー
親密レベル9	親しい友人
親密レベル8	友人、仲のいい同僚
親密レベル7	同期、仲のいい先輩・後輩
親密レベル6	先輩・後輩、上司、仲のいいお客さま
親密レベル5	お客さま、自社の役員
親密レベル4	お客さまの上司
親密レベル3	お客さまの役員
親密レベル2	社外の面識のない人
親密レベル1	社外の地位のある目上の人

この本の言葉遣いは、親密レベル5くらいかな？

今すぐできる！言葉のトーンを合わせる方法

相手が「親密レベル8」でコミュニケーションをとりたいのに、こちらが「親密レベル1」でコミュニケーションをとったら、お互いのトーンは合いません。

相手は「距離をとられた」と感じたり「かみ合わない」と違和感を覚えたりするでしょう。

友人や家族との距離感で考えると、もっと分かりやすいでしょうか。普段は「親密レベル10」の相手から、いきなり「親密レベル5」でコミュニケーションをとられたら「怒っているのかな」と不安になるはずです。

分からないときは「相手のレベル」に合わせる、「馴れ馴れしいのでは」と不安があるなら「相手のレベルマイナス1の言葉」を選ぶようにしましょう。

あなたにとっても相手にとっても心地よく感じられるメールが、簡単に書けるようになります。

POINT
1. 言葉の崩し方に正解はない
2. 親密レベルをイメージしてコミュニケーションをとる
3. 相手のレベルマイナス1がちょうどいい

6 ずるい人は、業務時間外の働き方を知っている

絶対にしてはいけない「時間外労働」

若手社員の方に多い悩みの1つに「休日や終業時間後でも、メールが気になってしまう」というものがあります。

中には、見るだけでなく返信までしてしまう人もいるようです。

読者の皆さんの中にも、そういった方がいらっしゃるのではないでしょうか。

これを続けていると、あなたが確実に損をします。絶対にやめましょう。

誤った社会人像を持っていませんか？

例えば、終業時間後に届いたメールにすぐ返信をしたことで、仕事が滞(とどこお)りなく進んだとします。

相手は、あなたに感謝してくれることでしょう。

しかしこれが何回か続くと、相手はそのスピード感に慣れていきます。

○○さんは、夜遅くに送ったメールもすぐに返事をしてくれる
○○さんは、土日もメールを見ている人だ

こうした前提で、昼夜休日問わず、メールが送られてくるようになります。感謝の気持ちも、次第に薄れていくことでしょう。

ずるい人は、残業や休日出勤を除いて、業務時間外はメールの処理を一切しません。特別対応による自分への負担を想定しているからです。

「遅い時間や休日にも働く＝できる社会人」ではないことを、しっかりと覚えておいてください。

 休日のメール対応にも、ルールを作る

仮に休日にメールを見てしまったとしても、返信は次の勤務時間まで先送りしましょう。

ずるい人は、休日出勤中のメール処理について、次のような明確なルールを持っています。

> **ルール①**
> 社内の人からのメールで急を要する内容なら、休日の勤務時間中に通常通り返信する
>
> **ルール②**
> 社外の人からのメールなら、次の勤務時間中に返信する

　こうした、しっかりとしたルールを自分の中で決めておけば「休日もメールが気になる」といった悩みはなくなるでしょう。

本当は教えたくない、メールの処理方法

　しかしときには、勤務時間外でも、社外の人からのメールを処理した方がいい場合もあります。
　それは、次の出勤日にメールを処理する時間がないことが、事前に分かっているときです。

　ただし、その場合でも、送信は次の出勤日にしましょう。返事を書けるときに書いておき、書いたメールを下書きに入れて保存。送信は後に回すのです。

　そうすれば、未来の自分の首を絞めることなく、効率

よくメールを処理できます。

うっかりさんにおすすめ！予約送信機能

前述したような、返事を下書きに入れておいて、後で送ろうと思っているときや、特定の時間にメールを送りたいときには、予約送信をしましょう。

GmailやOutlookなどのメールアプリには、「8:30」「8:45」など、好きな時間に設定しておけば、指定した時間に送信される機能があります。

送信するのを忘れてしまう心配がある人におすすめです。

POINT
1. 夜間、土日の対応は過度な期待を生む
2. 休日出勤中のメール処理にもルールを作り、極力働かない！
3. 勤務時間外にメールを見たら予約送信する

7 ずるい人は、仕事で悩まない

 メールを書く手が止まっていませんか？

メールを使っていれば、どうしたらいいか分からなくて困るとき、悩むとき、いろいろとあるでしょう。

その都度、メールを書く手を止めて、インターネットで検索したり、人に聞いたり、考えたりしていませんか。

以下のリストは、私がよく聞くメールの悩み事をまとめたものです。

あなたにも当てはまるものがあるでしょうか。

◎あるある！「メールの悩み事12選」
①あいさつは適切か
②相手の名前に間違いがないか
③宛先(アドレス)が間違っていないか
④嫌な気持ちにさせないか
⑤誤字や脱字がないか
⑥この内容で伝わるだろうか
⑦この人はCCに入れるべきだろうか
⑧失礼にならないか

⑨添付ファイルが大きすぎないか
⑩添付ファイルが届くだろうか
⑪なんて書いたらいいのだろうか
⑫メールで伝えていい内容か

メールの悩み事は3種類に分けられる

メールの悩みをよく見ると、全て同じ種類ではないことに気づくと思います。実は、大きく以下の3種類に分けられるのです。

A：正解がある悩み
B：正解がない悩み
C：正解が時と場合によって異なる悩み

先ほどのリストに書かれていた12個の悩み事も、この3種類に分けて考えることができます。

A：正解がある悩み
　　→②③⑤⑨⑩
B：正解がない悩み
　　→④⑥⑧⑪
C：正解が時と場合によって異なる悩み
　　→①⑦⑫

それではこれから、この3種類それぞれの解決策を見ていきましょう。

A：正解がある悩み

当たり前ですが、誤字や脱字（詳しくは102〜105ページ）、メールアドレスや添付ファイルの容量の上限などには、絶対的な正解が存在します。そしてこれらは基本的に、自分で少し工夫をすれば解決できます。

例えば、過去に届いたメールからメールアドレスをコピーすれば、アドレスを間違えることはないでしょう。

初めて送るメールがちゃんと届くか不安ならば、まずは実際に送ってみましょう。

メールアドレスが間違っている場合や、添付ファイルの容量が大きすぎる場合は、エラーになって送れないだけです。

悩むくらいなら、エラーになってから次を考えても遅くはありません。

B・C：正解がない／時と場合によって異なる悩み

一方で「内容や感じ方」など、正解が相手に左右される場合も存在します。相手が「それをよし」とすれば正解だし、そうでなければ不正解です。メールを送るまで、答えが分からないケースです。

こんな正解のない答えに悩み続けていても、あなたが疲れるだけですし、時間がもったいないです。そのため、悩む前に行動して、自分で答えを見つけにいくしかないのです。

正直、このケースの解決法は、経験を積むしかありません。数をこなすうちに、勘所がつかめてきます。最初は修行だと思って、少し頑張ってみてください。

意味のあることに時間をかける

「①が正解か……やっぱり②が正解か」といった堂々巡りは、「悩む」という行為です。これは物事が何も進展していないので、時間の無駄と言えるでしょう。

「〜だから、①が正解だ」というように、自分の頭で理論立てて結論を出すことは、「考える」という行為です。これは次の行動に移ることができるので、意味のある時間だと言えるでしょう。

ずるい人は、何に時間を使えばいいのかを知っているのです。

POINT
1. 悩みの種類を知る
2. 無駄に悩まず、考えることに時間を使う
3. 判断力を上げるには、経験あるのみ

8 ずるい人は、「スケジュールに細かい」と思わせる

 多くの人がしている誤解

「相手の期限を、こちらが決めるのは失礼だ」と考える人がいますが、それは誤解です。
「〇〇までに対応してください」といった締め切りを明記することで、滞りなく仕事を進めることができます。

しかし中には、期限を切って相手から反発されたことがある人や、逆に、期限を切られて気分を害したことがある人もいるようです。

<u>期限を上手に決めるには、ちょっとしたコツがいるのです。</u>

ずるい人は、期限を切ることに明確な基準を持っています。そして「どうして、その日なんですか」と理由を問われても、相手が納得できる説明を用意しています。

期限を切るべき、正しい基準

①その仕事に対して、妥当な日数を確保できているか

15〜30分程度でできる作業を依頼するときは、3〜5日後くらいに締め切りの日を設定するのが適切でしょう。

相手は「配慮してもらっている」と感じてくれるはずです。

②急な依頼ではなかったか

自分の依頼が遅くなったことを棚に上げて「今日中に対応をお願いします」と伝えるのは失礼です。

相手の都合に一切配慮できていません。

③締め切りの理由が明確か

営業のアポイントメントを求めるメールで「会っていただけるかどうか、○月×日までにお返事ください」のように、期限を切られたら、これも失礼だと感じるでしょう。

しかしそこに理由があれば、検討の余地はあるかもしれません。

東京から福岡への出張が決まり、福岡のお客さまに

「出張で福岡に行くので、挨拶に伺えればと思っています。こちらの都合で恐縮ですが、面談が可能でしたら6月17日までにご返信ください」と書くならば、受け入れてもらえるのではないでしょうか。

ほぼ100％のビジネスパーソンが毎日メールを見ている

期限をむやみやたらに切る必要はありません。

例えば「YES」「NO」で答える、候補日の中から希望を選んで返事をする、5分程度で終わる作業を依頼する、といったメールは、読んだら間を空けずに対応してもらえるでしょう。
そのため、締め切りを設ける必要はありません。

また、私たち一般社団法人日本ビジネスメール協会が、1,498人のビジネスパーソンを対象に行った「ビジネスメール実態調査2024」の結果によると、98.87％の人が、1日に1回はメールを確認していることが分かりました。
つまり、ほぼ100％の人が毎日メールを見ていることになります。

そのため、翌日までに返事がもらえればいいメールならば、締め切りを書く必要はありません。

「スケジュールに細かい人」という印象が武器になる

期日を過ぎても反応がない場合は、すぐに確認メールを送りましょう。

そうするだけで「スケジュールに細かい人」「正確な仕事をする人」という印象を、相手に与えることができます。

「この人と約束した締め切りは守らなくてはいけない」という印象を相手に与えることは、仕事の武器になるよ！

1. 相手に配慮した期限を設定する

2. 期限を切った背景や理由を説明する

3. 期限を過ぎたら速やかに催促をする

9 ずるい人は、メールを5つのポイントに絞る

 メールで重要視するべきなのは「ここ」

　ここまで読んでくださった皆さんはもうお分かりだと思いますが、メールを書くときには、さまざまな要素が深く関わっています。

　これだけたくさんの要素があると、何を重視して書いたらいいのか、どの要素に時間をかけてチェックをすればいいのか、迷うかもしれません。

　その指標の1つとしてここでは、「相手の負担を少なくするにはどうしたらいいのか」という視点で考えることをおすすめします。

　なぜなら、相手の負担を少なくするということは、ひいては、自分の負担を減らすことにもつながるからです。

相手の負担を減らす5つのポイント

相手の負担を減らすポイントを「情報」「日本語の正しさ」「レイアウト」「前提条件」「関係性」の5つに分けて考えます。

それぞれのポイントを見てみましょう。

①情報
情報が少なくて相手が不快になったり迷ったりするなら情報を増やす。逆に、情報が多いと相手が負担に感じるなら情報を減らす。

 情報の過不足がなければ、相手からの質問を減らせる

②日本語の正しさ
誤字や文法の誤りを相手が気にして不快になるなら細かく確認。相手が重視していないなら優先順位を落とす。

 見直しをするときに、どこを重点的に見ればいいのかが分かるので、作業効率が上がる

③レイアウト
相手が1秒でも速く読み終わるようにレイアウトを工夫する。

 箇条書きや部分引用を使えば、自分も楽をしながら、メールを書くことができる

④前提条件

相手が前提条件を覚えていないなら再度書く。調べたり思い出したりする時間を削減する。

何度も催促をしたり、
連絡をとり直したりしないで済む

---

⑤関係性

相手との関係性を読み間違えて不快感や違和感を与えないように注意する。

自分も心地のよい
メールコミュニケーションをとれる

上の図を見てみると、相手の負担を減らせるメールかどうかの判断は、相手がするものだということに気がつくでしょう。

繰り返しになりますが、メールに「絶対的な答え」は存在しないのです。

それでも、この「相手の負担を少なくするにはどうしたらいいのか」というポイントに沿ってメールを書けば、頑張らなくても、それぞれの相手に合った答えにたどり着けます。

相手も自分も得をする「正解への道」として、ぜひ実践してみてください。

あなたにも、できます！

前ページの図を見たことで、同時に「自分には難しくてそんなことはできない……」と不安になってしまった人もいるかもしれません。

でも、大丈夫です。
そんなに焦る必要はありません。

相手の時間を奪わないメールを、初めから完璧に作れる人はいません。
たくさんの経験や他人のメールの中から、徐々にそのコツを身に付けていけばいいのです。

一歩一歩、確実に進んでいけば、あなたも必ず「ずるい人」になれます。

1. 1秒でも速く読み終わるように書く

2. 相手の負担を予測し、改善を続ける

3. メールの正しさは相手が決める

10 ずるい人は、誰に見られても困らない

 あなたのメール、知らない人に見られているかも？

あなたと相手の、一対一でメールのやりとりをしていたとしても、そのメールの中身を第三者が見る可能性があります。

○ケース1：共有、指示のために転送する

相手は、あなたとのメールをそのまま転送して、上司に相談をしたり、部下に指示を出したりしているかもしれません。

そうなると、メールに書いていることは全て筒抜けです。

○ケース2：引き継ぎのためにデータを共有する

退職や転職、異動の際に後任の人が、相手がこれまで使っていたメールデータを、丸々引き継ぐ可能性もあります。

メールには、これまでの仕事の履歴がそのまま残って

いるので、非常に便利な「引き継ぎ資料」になり得るからです。

会社に対して「これは個人のものだ。データを引き継ぐのはおかしい」と抗議したくなるかもしれませんが、そもそも仕事に使っている時点で、メールの情報は会社の所有物と考える方が自然です。

どうですか。あなたは、今送っているメールの全てを、誰かに見せられますか。

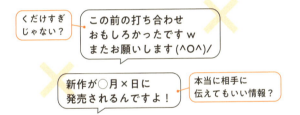

メールだからといって、気を抜かない

ずるい人は、こういったケースがあることを分かっているため、常にメールは第三者が見る可能性がある、と考えています。

相手が問題視していなかったとしても、第三者があなたのメールの中に、不適切な言葉や不信感を生む内容が書いてあると判断したら、会社だけでなく、世間からの信用も失うかもしれません。

だからこそ、過度にくだけ過ぎたメールは送らない、万が一、公になったとしても、常に自分の正当性を説明できるレベルの書き方をすべきなのです。

> ○○さんが普段から顔文字を使っているので、私も崩して書いているだけです

> ○○さんとは××の業務でご一緒しているので、これはすでに共有されている情報です

　どんな事態になっても、自分のことを守れるメールを書きましょう。

1. メールの履歴は会社の財産
2. メールは転送、公開される可能性がある
3. 誰に見られても恥ずかしくないメールを書く努力が必要

ZURUI MAIL JUTSU

4章

ピンチをチャンスに変える！「メール対応の鉄則」

1 ずるい人は、謝罪メールで損をしない

 自分の首を絞める謝罪の仕方

　仕事のちょっとしたミスは、誰にでも起こり得ることです。そのたびに、次のようなお詫びをしていたら、どうでしょうか。

> このたびは大変申し訳ございません。
> 今後は二度とこのようなことが
> ないように注意します

　お詫びとしては丁寧な印象を与えるかもしれません。同じ失敗を二度と繰り返さないという誓いに、誠実さも感じるでしょう。

　しかし一方で「二度と」という言葉が自分へのプレッシャーにもなりそうです。どんなに注意をしても、失敗をしてしまう可能性はあるのに、自分で言ったからには二度と同じ失敗はできない……こうしてハードルが高くなり、自分の首を絞めることになります。

　また、仮に添付ファイルをつけ忘れたぐらいで、この

ようなお詫びを送っていたら、相手からは「このレベルのミスで、そんな深刻なお詫びをしなくてもいいのに」と思われるかもしれません。

失敗の程度に合わせて言い回しを変える

先ほどのような、添付ファイルのつけ忘れといったレベルなら以下のような言葉で十分です。

> 添付ファイルが漏れており、失礼いたしました

> 先ほどのメールにデータを添付しておりませんでした。大変失礼しました

ミスの程度に合わせて適切なお詫びをしましょう。

- **小さな（軽い）ミス**
  失礼しました or 大変失礼しました

- **少し大きな（重たい）ミス**
  申し訳ありません or 申し訳ございません

- **大きな（重たい）ミス**
  大変申し訳ありません or 大変申し訳ございません
  誠に申し訳ありません or 誠に申し訳ございません

> ✓「ずるい」テクニック
>
> 「失礼しました」「申し訳ありません」に「大変」「誠に」といった程度や気持ちの大きさを表現する言葉を足すと、簡単にミスのレベルに応じたフレーズに変えられるよ!

「丁寧にするほどいい」というわけでもない……

あなたは「あらたまった言葉で謝れば失礼にはならない」と考えていませんか。

小さなミスに対して丁寧な謝罪を続けていると、相手もそれに慣れていきます。そうすると大きなミスをした際に、どんなに丁寧な謝罪をしても「いつも使っている言葉だ」と軽く受けとられてしまう危険があります。

相手に失礼のないようにと、気を遣った言葉であっても、場面と程度が合っていなければ違和感を生み、あなたの足を引っ張ることになるのです。

また、不用意にお詫びをしすぎると、そこでパワーバランスが崩れることもあります。こちらが非を認めることで、相手が相対的に優位な立場になるのです。

これが続いたら、どうでしょうか。丁寧な対応をしようと思って謝りすぎただけなのに、相手から「仕事ができない人」というレッテルを貼られてしまうかもしれません。

そんな悔しい思いをしないためにも、メールではミスのレベルに合ったお詫び言葉で、バランスをとる必要があるのです。

ずるい人はこの使い分けがうまく、不用意にあらたまった表現でお詫びをしません。

 限定表現で、謝罪を使いこなす

他にもずるい人は、限定的な謝罪を使うことで、何に対して謝罪しているのかを明確にします。

> ご不快な思いをさせてしまい、
> 心よりお詫び申し上げます

こうすることで、パワーバランスが崩れすぎないようにしているのです。

また全体に対してよりも、その事象に対して限定的な謝罪をする方が、謝罪の理由を深く理解している、適当に謝罪しているわけではない、という印象を与えられます。

- 1. お詫びは3段階で言葉を選ぶ
- 2. 不用意なお詫びはしない
- 3. お詫びは全体よりも部分的に行う

2 ずるい人は、特別扱いをしない

 ### 絶対に知っておきたい「メールのリスク」

メールを使いこなす上で「メールは履歴が残る」というリスクを知っておくことは大切です。

メールが相手に届いた時点で、相手のメールを削除するのは不可能になります。
相手が削除しなければ、メールボックスにずっと残ってしまいます。だからこそ、不用意な言動は控えるべきです。

暴言やセクハラ発言などは、そもそもすること自体が論外ですが、メールに残っていれば、それが確固たる証拠となります。

 ### 軽はずみな約束を書かない

案外、多くの人が見落としがちなのが、交渉の内容がメールに残るというリスクです。

> 今回あと 10 万円引いてくれたら、次回も絶対に依頼します ✗

> 今回発注してくれたら、今度あなたのサービスを利用します ✗

　交渉を成立させることに必死になってしまうと、調子のいい発言をしてしまいがちです。

　目的を達成するために必死になる気持ちも分かりますが、書いたことには責任が伴うため、軽はずみな発言はやめましょう。

　表に出てほしくない交渉の内容が、相手のメールボックスに残っているというのは、将来リスクになるかもしれません。

> 交渉をする前に、譲歩の線引きを確認した方が安心だね！

特別扱いには理由が必要

　お客さまに対する特別扱いにも、細心の注意を払いましょう。

例えば、あなたが返品や交換を受けつけない商材を扱っていたとします。
それなのに、購入者がごねて返品を求めてきたらどう対応すればいいのでしょうか。

この場合、毅然(きぜん)とした対応をするのが正解ですが、押しに弱い人は特別扱いをしてしまうものです。

このように、あなたはお客さまの勢いに負けて、限定的な特別扱いをしてしまったとします。
すると相手が、その対応に感激して、メールをSNSなどにアップしました。
どうでしょうか。お客さまは善意で投稿してくれたとしても、あなたの会社としては非常に困ったことになるでしょう。

全ての特別扱いが悪いとは言いません。相手や関係性によって対応が変わるのは、人間関係でよくあることです。

ずるい人は、特別扱いをするなら、第三者にその理由

を説明できる範囲で対応します。それができないなら、絶対に特別扱いはしません。

誰かの犠牲の上に成り立つものは続かない

行動に理由が伴わないと、矛盾します。矛盾した対応は不信感を生みます。

例えば「10年のお取引があるので、特別に対応します」と説明した場合、同じ条件に合う会社を全て公平に特別扱いするのなら、問題はありません。

しかし、同じ条件に当てはまるのに、特別扱いしないことがあれば、それは不公平です。

誰かの犠牲の上に成り立つサービスは、長くは続きません。バランスをとって対応していきたいですね。

POINT
1. メールの内容は証拠になる
2. SNSに公開される可能性を考えてメールを書く
3. 説明できないなら特別扱いをしない

3 ずるい人は、怒りをコントロールする

 メールでは、戦わない

　受信したメールを受けとって、イラッとしたり、ムカッとしたりしたことが、一度くらいあるのではないでしょうか。

　自分は悪くないのに、一方的に悪者にされた。自分の非を認めず、攻撃的な対応をされた。
　そんなとき、自分を守りたくなるのは当然です。

　しかしここで、相手に言い返してはいけません。
　それでは、あなたが不利になってしまいます。

　もちろん、ずるい人もイラっとすることはあります。
　しかしずるい人は、メールでは絶対に戦いません。

> 確かに、誰とも戦わずに成果を上げている人ってかっこいいね！

メールのストレスは、メール以外で発散しよう

次のような場面を考えてみましょう。

打ち合わせの段階では「100万円くらいで」と相手に言われていた案件があったとします。
翌日、あなたは言われた通り、100万円で見積もりを出しましたが、相手に「その条件だと導入できない。なんでそんな金額を出してきたんだ」と言われてしまいました。

こんなとき、あなたならどうしますか。

理不尽なことを言ってきた相手を非難し、真正面から戦うでしょうか。

しかし合理的に考えてみると、戦うメリットが一切ないことに気づくはずです。

例えば、上の例で言うと、見積もりを出したあなた側のゴールは受注のはずです。

相手と喧嘩をしたり、論破をしたりすることで、そこに到達できる確率は上がるでしょうか。
答えは「NO」です。多くの場合、その確率を下げることにつながります。

それならば、ゴールに少しでも近づけるように「どんなメールを書いたら、相手は導入に前向きになってくれるだろうか」と考えて、適切なコミュニケーションをとるべきです。

　メールでストレスを発散しても、会社の売上やあなたの評価にはつながらないですし、相手の対応によっては、さらにストレスが溜まるかもしれません。

喧嘩にはデメリットしかない

　相手が社内の人でも同様です。若手社員がとる社内でのコミュニケーションの目的には、代表的なものとして次のようなものがあります。

> ・仕事を覚える
> ・仕事を円滑に進める
> ・上司からの評価を高める

　相手を論破することで、これらの目的を達成できるならやればいいのですが、そうじゃないなら、喧嘩腰の態度をとることはやめましょう。
　時間と体力、精神力の無駄でしかありません。

✓「ずるい」テクニック

イライラ、ムカムカしたときは6秒間、深呼吸をしてみよう。心が落ち着くよ！

メールがだめなら対話をしよう

　メールは、自分の言いたいことを簡単に伝えられるツールです。手軽さゆえに、怒りにまかせてメールを書いてしまい、後で絶望的な気分になる人もいます。

　気持ちが収まらないなら、素直に声をかけて対話の機会を作りましょう。

> このままメールで書くと喧嘩になりそうなので、直接お話ししたいと思います

> 大きな行き違いがあるようなので、直接お話をさせていただけませんか

　売り言葉に買い言葉……とならないためにも、メールが苦手な人は特に、直接話すようにした方がいいでしょう。

POINT
1. メールで論破してもストレス発散にしかならない
2. ゴールにたどり着くための最短距離を考える
3. 喧嘩になりそうならば、膝を突き合わせて話す

4 ずるい人は、記憶を信用しない

何でもかんでも記録が大切

人の記憶は、あいまいなものです。

対面や電話で大切なことを伝えていたはずなのに、相手が忘れてしまっていた。そんな経験はありませんか。

プライベートならば、大きな問題にはならないでしょう。しかし仕事の場合は、トラブルに発展し、大きな損失を生むことがあります。

こうした「言った言わない」のトラブルは、よく起こります。
相手が覚えていない以前に、そもそも聞こえていなかったという可能性もあるので、仕事ではさまざまなことを記録するようにしましょう。

メールは最強の証拠

自分はしっかりと相手に伝えたはずなのに「聞いてい

ない」「知らない」と言われると、自分の正当性を訴えたり、相手を責めたくなったりするでしょう。

でも、その行動によって将来的にプラスになることはあるでしょうか。

ずるい人は、「言った、言わない」のトラブルを未然に防ぐために、全ての情報をメールに残しています。
またこうした証拠のおかげで、平和的に解決することができます。

そしてメールに残すことは、相手に確実に動いてもらいたいときにも使えます。

例えば、打ち合わせなどで、相手に対して要望を伝えたり、仕事をお願いしたりするとき。
相手も要望や依頼は頭に入っていても、期限や役割分担などの、細かい情報がちゃんと伝わっていなかったり、忘れられてしまったりすると、確実にほしいものが返ってきません。

社会人なのですから、お互いにメモをとるのが当然ではありますが、合理的に考えるなら、こちらがまとめた情報をメールで相手に渡してあげた方が、正確かつ楽に済みます。

メールにしかできないこと

メールを送ることによって、あなたが「伝えた」という事実や内容がデータに残ります。

また、相手の返信によって「確実に伝わっているかどうか」を確認することもできます。

対面や電話では、なかなか読みとりづらい部分なので、メールならではの利点だと言えるでしょう。

◎対面、電話の場合

伝えた→ 相手が忘れるかも / 相手に聞こえていなかったかも ＝伝わった？

◎メールの場合

伝えた→ 履歴に残る / 返信がある ＝伝わった！

メールに残っている証拠は、相手と議論や喧嘩をするためのものではなく、仕事を円滑に進めるために使うものです。

お互いを守るために、メールを正しく使いましょう。

 ## 電話を切ったら、メールを送る

電話で「10月15日（火）10時に訪問する」と話をつけたなら、電話の後にメールも送りましょう。

メールには、いつ、誰が、何をするのかが分かるように書けば十分です。

> 10月15日(火)10時に訪問します。
> よろしくお願いします。

こうしたメールは、口頭でのやりとりから生まれた勘違いを未然に防ぐことができる上に、相手に「仕事のできる優しい人だな」という印象を与えることもできます。

その積み重ねが、あなたの評価をさらに高めることでしょう。

1.「言った言わない」の議論は時間の無駄

2.トラブルを回避するために、メールに集約する

3.電話の内容をメールでまとめるだけで好印象に

5 ずるい人は、重要メールを入念にチェックする

 メールってどうやって書いている？

ここで一度初心に返って、メールを書く手順を振り返ってみましょう。

まずは宛名を書いて、あいさつ、名乗りを書きます。
次に、何の件でメールを送ったのか「要旨」を書き、伝えたい詳細情報を記載します。
例えば、社内メールで備品の購入を依頼する場合は、何を、いつまでに、どのくらい、なぜ、ほしいのか、などを書けばいいでしょう。
そして最後に結びのあいさつを書き、署名をつけます。

こうして一連の動作を並べてみると、簡単なメールならば、慣れとともに一発で書けるようになる、ということが分かるはずです。

中には、この手順の最後に必ず「メールをチェックする」という作業を入れる人がいます。
確かに、必ずチェックをした方がいい「重要なメー

ル」も存在します。

しかし、全てのメールをチェックする必要はありません。

ずるい人は、チェックするべきメールと、そのままノーチェックで送るメールを明確に分けています。

チェックすべきメールは、これ

誤字のないメールを目指すべきではあるのですが、そのために毎回チェックをしていては、メールに時間を使いすぎてしまいます。

こちらが送るメールに誤字があることによって想定されるリスクと、チェックに費やす時間を天秤にかけて、チェックすべきかどうかを判断しましょう。

内容	想定されるリスク
会議の出欠をとるメールの返信	低（誤字があっても意図は伝わる）
内容の確認依頼への返信	低（誤字があっても意図は伝わる）
新規の営業先へのアポどりメール	低（誤字があっても意図は伝わる）
備品の発注依頼メール	中（個数などの間違いによる誤発注）
重大な事案に対する謝罪メール	大（ちょっとした誤字でも不快感が生まれる）

メールの評価は、誤字をなくすだけでは決まらない

これまで繰り返してきたように「❶伝わるか ❷不快感がないか」の２つの条件を満たしていれば、いいメールと言えます。

通常のメールならば、誤字による不快感は生まれにくいですし、メールの内容もある程度は伝わります。

そのため、前ページの表のように、メールのほとんどは、誤字によって想定されるリスクが低いので、チェックに時間をかけるのはもったいないのです。

しかし、謝罪などのように重要なメールの場合は注意が必要です。謝罪メールに誤字があれば、誠意が感じられないと思われるでしょう。
通常のメールで許容されていた誤字が認められなくなるのです。

✓「ずるい」テクニック

メールの評価は文章そのものだけでなく、場面に合っているかどうかで決まるよ。だから、謝罪や契約のような重要なメールを書く場合は、あいさつから署名まで、全てしっかり点検をしよう！

謝罪のメールは、とにかく慎重に

重要なメールのチェックは、パソコンの画面で見るだけにせず、他の手段も使いましょう。

- 印刷して、紙で確認する
- 他の人に添削してもらう
- ChatGPTに添削してもらう

通常のメールはチェックをしない分、重要なメールではより慎重に、時間をかけてチェックすることをおすすめします。

POINT
1. 全てのメールを何度も読むのは時間の無駄
2. 誤字のリスクとチェックの時間を天秤にかける
3. 誤字すら許されないメールだけ細かく見る

6 ずるい人は、メールに逃げない

 メールは自分を守る手段

　対面や電話でのコミュニケーションと比べて、メールはとても便利です。

　時間を問わず相手に連絡をすることができますし、相手に返す言葉を熟考することもできます。

　相手の顔を見なくても済む、というのも利点の1つかもしれません。

　そのため、ときにはネガティブな感情から、メールが選ばれることがあります。

> 伝わらなかったらどうしよう
> 分かってくれなかったらどうしよう
> 問い詰められたらどうしよう
> 嫌味を言われたらどうしよう
> 暴言を吐かれたらどうしよう

　このような不安を抱えているときほど、相手の反応が

瞬時に返ってくる対面や電話ではなく、メールを選んで、自分を守りたくなるのが、人間です。

 メールでの謝罪は自分の首を絞めるかも？

メールに逃げたくなるのは、次のようなときです。

- 言いにくいことを言うとき
- こちらが不利なとき

謝罪しなければいけない場面であれば、謝意を込めて書いたメールを送って、全てを非対面で終わらせたくなることでしょう。

しかし、謝罪の目的は、謝罪の言葉を伝えることではありません。謝意を受け入れてもらい、状況を正常な状態まで戻すことです。

そのため、どんなに誠意を込めた文章を練り上げても、その誠意を受け入れてもらえないのなら、その謝罪は終わっていません。失敗したとも考えられます。

ずるい人は、こういうときほどメールを選ばず、メール以外の手段を使います。

「メール」「対面」「電話」という３つの選択肢があるのなら、どれを使えば目的を達成できる可能性が高いのか、そう自分に問いかけるのです。

頑張りすぎずに、でも勇気を出して対話しよう

　伝える内容によっては、直接的な対話で、大きなストレスを受けるかもしれません。しかし、言いにくいことほど対面で伝えた方が、いい成果をもたらします。

　なぜなら、対面はお互いの顔が見えるからです。

◎メールの場合
　申し訳ございません
　　　　　気にしないでください
　お互いの気持ちが分かりにくい

◎対面の場合
　申し訳ございません…
　　　　　気にしないでください！
　言葉にはできない思いも伝わる

　最初は苦しい思いをするかもしれませんが、こうした場面で自分を守ってくれるのは、対面のコミュニケーションなのです。

メールの限界を知る

苦言を呈するときも、苦言の程度に合わせて伝える手段を選びましょう。

軽い苦言であればメールで十分ですが、重大な局面でもメールだと、相手に事の重大さが伝わらない可能性があります。

また、批判的な内容を伝えたいときも、対面の方がいいでしょう。メールだと、言葉がきつく、攻撃的になりがちだからです。

ときには時間をかけて、対面や電話でじっくり相手と向き合うことで、メールにはできない部分を補えます。感情が伴うような重要なことほど、メールだけで伝えるのは難しいものです。

POINT

1. 重要な謝罪などはメールに逃げない

2. 対面や電話の方が長期的に見たら解決に近い

3. 伝えにくいことほど正しく意図を伝える必要がある

7 ずるい人は、「ありがとう」を忘れない

 ### 身近にある「魔法の言葉」

「メールで好印象を与えたい」というのは、誰もが考えることでしょう。

あなたも"気の利いたフレーズ集"などを購入して、語彙力を磨こうとしたことがあるのではないでしょうか。

誰でも使えて、汎用性も高く、相手が受け入れやすい魔法のようなフレーズがあります。
それは「ありがとう」です。

「ありがとう」は、私たちが子どもの頃から受け継いでいる感謝の精神を表し、互いの心を結び付け、尊重しあう土台となる力を持った言葉です。

それなのに仕事では、感謝の気持ちを伝えるフレーズよりも、お詫びの気持ちを表すフレーズの方が、多く飛び交っています。
もしあなたが「申し訳ありません」「恐縮です」を毎日のように使っているのなら、要注意です。

感謝の気持ちを中心にメールを考える

> お忙しい中ご対応いただき申し訳ありません

> 早速ご対応いただき、大変恐縮です

　前述したように、これらのようなお詫びフレーズによって、相手とのパワーバランスは崩れます。相手と対等な関係で仕事をしたいのなら、むやみに謝らないことが重要です。

　ずるい人は、不用意にお詫びをしない代わりに、お礼のフレーズを多用しています。相手に何か対応してもらったとき「ありがとう」で表現できないかを考えるのです。
　感謝を中心に置いて、あらたまりたい、へりくだりたいなら、適した言葉を添えます。

　「ありがとう」は、さまざまなシーンにマッチする言葉です。もちろん、お詫びの全てが感謝やお礼の気持ちを表すフレーズに変換できるわけではありませんが、それでもまずはお礼のフレーズを中心に、メールをしてみましょう。

　仕事の多くは、何かをしてあげたり、してもらったり、

で成り立っています。大きなことでなくても「返事をしてもらった」「メールを送ってもらった」などの動作に対しても感謝を伝えることができるはずです。

早急にご対応いただき申し訳ございません。
→ 早急にご対応いただきありがとうございます。

対応していただき恐縮しております。
→ 対応していただきありがとうございます。

　感謝の気持ちを具体的に伝えることによって、相手の心証は確実によくなり、次の協力を引き出しやすくなります。

1. メールの中にお礼のフレーズを1つは盛り込む

2. 感謝の気持ちを具体的な言葉で示す

3. 感謝の気持ちが次の協力につながる

5章

ビジネスメールのプロ直伝！

なぜか社内評価の高い人がやっている「5つの裏技」

1 ずるい人は、メールで「報・連・相」をする

上司が評価しやすい部下とは?

仕事での評価は、基本的には会社の上司が決めます。営業職の人の場合、営業成績だけを上げればいい評価を得られるのかというと、一概にそうとも言えません。以下のように、評価にはさまざまな指標があります。

- 売り上げなど目標の達成度
- 業務上、必要な知識やスキルが身に付いているか
- チームワーク
- 勤務態度や労働意欲
- 会社への貢献度

仕事の成果以外の部分も評価されているんだね!

意欲はあっても同じミスが多くてレスポンスや行動が遅い、スキルはあっても協調性に欠けていて態度が悪い、となれば、自分の期待とは違った評価をされてしまうかもしれません。

第三者の評価がつきものだからこそ「何をしているか分からない部下」よりも「何をしているのか分かる部

下」「見ていて安心できる部下」を目指すことが大切なのです。

 評価される人と、されない人の違い

　見えないところで努力するのがかっこいい。頑張っているのが見えるのはかっこ悪い。そう思っても、過度なアピールにならない程度には、何をやったのかを上司に伝えていくべきです。

　次の2人、どちらがより評価されるでしょうか。

●Aさん
目標は達成できているが、普段から何をやっているのかよく分からない。

●Bさん
Aさん同様に目標は達成できている。普段から報告や連絡、相談を徹底していて、何をやっているのかよく分かる。積極的にあいさつや感謝を伝えるなどの声がけをして、周囲との関係は良好で、職場に活気を与えている。

　あなたが新しい部署を立ち上げることになり、メンバーを1人選ばなくてはいけなくなった場合、一緒に働きたいと思うのは、AさんとBさんのどちらでしょうか。
　普段からコミュニケーションがとれていて、仕事の進

捗_{ちょく}度合いを管理できるBさんの方が、安心して一緒に働けるのではないでしょうか。

アピール上手は仕事上手

自分がAさんの立場だったら、Bさんの存在を否定したくなるかもしれません。

> Bさんはいつもこびを売っている
> Bさんばかり評価されて、ずるい
> ……うらやましいなぁ

こう思ったら、ちょっと視点を変えてみましょう。仕事の成果や進捗度合いを上司に報告するのは、こびを売るのではなく、仕事で求められる重要なコミュニケーションなのです。見えないものは評価できないからこそ、成果の裏に隠された努力を伝えなければ、評価してもらえません。

<u>上司のためではなく、自分のために「報・連・相」をしてみましょう。</u>

ずるい人は、評価者（上司や先輩、人事担当）が自分に何を求めているのか、よく理解しています。そして求められているものを体現し、それを第三者にも分かってもらえるような立ち居振る舞いをしています。

✓「ずるい」テクニック

メールで「報・連・相」をすると、あなたの陰の頑張りがデータとして残るから、上司の記憶にも残りやすくなるよ。社内評価にもつながるかも!

トータルで作業効率を向上させる選択を

若手社員は「上司は忙しいはずだから報告や相談で時間を奪わない方がいい」と考えてしまいがちです。しかし「報・連・相」を怠ったことによるトラブルは、仕事で頻繁に起こることです。

自分の意見や感情の説明、やっていることや、できたことなどの報告は、相手に自分を大きく見せるための「ずるいやり方」ではなく、仕事に必要な自分に関する情報を共有しているに過ぎません。気負わず、積極的にしていきましょう。

POINT

1. 上司に無駄な時間を使わせないためにできることを考える

2. 今も昔も、報告・連絡・相談が大事

3. やったことを正しく伝える

2 ずるい人は、情報を与えすぎない

社会人の基礎を身に付けよう

「報・連・相」はビジネスにおいて最も大切なことですが、この中でも特に「報告」はその手腕が問われます。

まず、報告は「早く」が基本です。悪い事案ほど報告したくないとは思いますが、遅くなるほど問題は大きくなるので、すぐさま報告しましょう。

次に、伝え方は「要点を明確に」「順序立てて」を意識します。結論を端的に伝え、それに伴う背景や理由などの詳細を必要に応じて加えることで、重要な箇所を明確にして伝えられます。

ドラマチックな報告は要らない

せっかく報告をするのだから、と背景を細かく説明したくなる気持ちも分かります。どんなことを考えて、その結論に至ったのか。どんな問題があって、それを乗り

越えたのか。順を追って説明した方が伝わりやすい、とも思うでしょう。

しかし、報告を受ける側はもちろん、あなたが報告したい事柄の全体像を把握していません。それなのに、時系列で話が始まると「何を伝えたいのか分からない」という状態に陥ります。

だめな報告を再現すると、以下のようになります。

> 最近、仕入れのコストが上がっていて、これは問題だと思い新しい取引先を探し始めました。先日も、単価を15円落としてもらうという交渉を粘り強くやってみましたが、最後に相手の社長が出てきて交渉が決裂。別の企業に、同額のコストで納期を1日縮められないかお願いしてみました。ですが、それもうまくいきません。最後には、だめもとで既存の業者さんにお願いしてみましたら、何と大成功

このように、時系列に沿って報告すると、結局何を伝えたいのか、目的が分かりにくいメールになってしまいます。

つまり、報告で一番大切なのは「結論」なのです。

あなたは何を一番伝えたいのか

　先ほどの報告を受けた上司は、書かれている情報から、部下が何を言いたかったのか、さまざまな論点を推測しながら読まなければいけなくなります。

> 新規取引先を開拓するための相談？
> コストアップについての相談？
> コストダウンができたことの報告？
> 納期についての相談？
> コスト見直しについての現状報告？
> 今の取引先に断られたのか？

　上司は限られた時間の中で情報を集め、必要であればアドバイスをするために、常に結論に意識を向けながら、あなたの報告を受けています。
　そのため、報告する内容や情報量、説明する順番は重要なのです。

 ## 3分で伝えるテクニック

　ずるい人は、結論から先に伝えています。
　先ほどのメールの例をずるい人風にすると、書き出し

は以下のようになります。

> 新規取引先を開拓しようと考えており、その相談でメールをお送りしました

　端から見ると、上司とのコミュニケーションが淡泊で、仲がよさそうには見えないかもしれません。
　しかし、無駄な時間を使わせない簡潔な報告に、上司はひそかに喜んでいるのです。

> 知りたいことが最初に分かってスムーズな報告だったな

　報告するときは「何の論点で話をしているのか」という結論や話のテーマを、冒頭で伝えるようにしましょう。話のオチが分かってしまい面白みがなくても構いません。
　仕事では、簡潔かつスピーディなコミュニケーションが求められています。

1. 報告は要点を絞る

2. 背景を話す前にテーマ（主題）を切り出す

3. 話す順序を考える

3 ずるい人は、上司のメールアドバイスを疑う

 9割のビジネスパーソンはメールが苦手？

ビジネスメールの研修やセミナーで受講者と話をすると、さまざまな不安を耳にします。

> 相手にきちんと伝わるか
> 言葉遣いに問題はないか
> 失礼な書き方をしていないか
> メールで伝えてもいい事柄か

多くのビジネスパーソンはこのような不安から、周りに意見を求めたり、書籍で勉強したり、インターネットで検索したりしてから、メールを送っているそうです。

メールに絶対的な「正解」があればいいのですが、残念ながらそれはありません。ある場面では正解でも、別の場面では不正解ということもあるため、どんなに求めても「唯一の答え」を得ることはできないのです。

その結果、不安が解消されることはなく、「メールは

難しい」と感じて、自信を失ってしまいます。

上司からのメールのアドバイスにイライラ？

社会人になって仕事でメールを使い始めたとき、先輩や上司にチェックしてもらったことがあるのではないでしょうか。

実はこの「第三者チェック」というのが、厄介なのです。

チェックする側もメールを学んだことはなく、見よう、見まねで体得しています。人によって経験は異なり、学んだことも千差万別なので、チェックする箇所や指導のポイントも違うことがあるのです。

◎こんな指導を受けたことはありませんか？
「正しい敬語を使った方がいい」
「もっと簡潔に書いた方がいい」
「もっと丁寧に書いた方がいい」
「もっと気遣いを盛り込んだ方がいい」
「もっと具体的に書いた方がいい」
「もっと短い方がいい」
「印刷してA4用紙1枚に収まる分量にした方がいい」

先輩や上司にこのような指導を受けたら、「自分のメールは○○しなければダメなんだ」と考えて、落ち込

んでしまうことでしょう。

そして「もっと丁寧に」「もっと簡潔に」「もっと短く」「正しい文法で」「敬語を間違えてはいけない！」と偏った基準で自分のメールを縛るようになります。

そんな中、以前は「もっと簡潔に」と言ってきた上司が、別のメールでは「もっと丁寧に」と言ってきたとしたら……。
「前は簡潔にと言っていたのに、今度は丁寧にとは話が違う」と混乱してしまうのも、無理はありません。

上司のアドバイスに振り回されないために

上司は「今の」メールに対して指導しているのであって、過去のメールとは別の話をしています。ましてや、あなたのメールの全てを否定しているわけでもありません。

そのため、指導や指摘の対象は「今の」「その」メールであることを、まずは頭に入れておきましょう。

そうすれば、アドバイスの違いに振り回されて疲弊することがなくなります。

また、上司のアドバイスを一度疑ってみるのもいいでしょう。先ほども述べたように、メールに答えはありません。

普段からコミュニケーションをとっている相手とは信頼関係が築けているため、メールは「簡潔に」。一方、

新規の取引先やトラブルがあった後の相手とのメールは「丁寧に」。メールに求められるスタイルや雰囲気は、時と場合によって変わるので、あなただけの指標を決めて、メールを使うことが大切です。

メールがうまいと思われる！相手に合わせたメールスタイル

ずるい人は、時と場合、そして相手に応じて、メールのテイストを変えています。

- Aさんは、丁寧な言い回しを好む
- Bさんは、簡潔な文章を好む
- Cさんは、毎回のあいさつは不要と考えている

相手のタイプが分からないときは最も無難なメールを送ります。バランスをとることができれば、さまざまなケースに対処できるようになるでしょう。

POINT
1. 先輩や上司の言うことを疑ってみる
2.「今」のメールを基準に改善する
3. 自分なりのやり方を見つける

4 ずるい人は、評価されるメールが書ける

パソコンの登場による上司の苦悩

　仕事で1人1台のパソコンが支給される前、みんなが机に向かって作業をしたり、電話をかけたりしていた時代がありました。

　当時の上司は、部下たちの姿が見えるので、何をしているのかを把握（はあく）しやすかったように思います。

　一方、今は完全なブラックボックスです。大半の仕事はパソコンの中で完結します。
　パソコンでできることは多岐（たき）にわたりますが、何をしているのか、外からは分かりません。

　上司からすると、部下が今、真剣にメールを書いているのか、資料を作成しているのか、はたまた考え事をしているのか……簡単には分からなくなってしまったのです。

あなたの仕事の頑張り、上司に伝わっている？

また、現代のビジネスのシーンでは、在宅勤務やテレワークによって、細かい指導がしにくくなっています。

そうなると部下は「何も言われないから、このくらいでいいだろう」と手を抜くようになるかもしれません。逆に「これだけ時間をかけてやらなくちゃ、だめなんだ」と間違った努力をしてしまうかもしれません。

ずるい人は、適切な力の入れ具合を分かっています。上司にしっかりと仕事の評価をしてもらえるよう、自分で働き方をコントロールしているのです。

あなたは、以下のような上司の言葉に聞き覚えはありますか。

> 今、何をやっているんだ。暇そうだな　もっとアポをとれ
> 今の電話の会話は、展開が悪いぞ
> 敬語が間違っている。イチから勉強し直せ！

もし、今のあなたがこのような言葉を上司に言われているのなら、あなたの頑張りの方向性は間違っているのかもしれません。

でもこれはチャンスでもあります。あなたには、もっと評価されるべき伸びしろがあるということなのですから。

ビジネスメールの成果は何で決まるのか

そもそも仕事とは、「時間」「コスト」「人員」などを割いて成果を出すものです。

したがって、ビジネスメールから生まれる成果は、メールの作成時間によって左右されます。

20分でメールを **1** 通作成 → **1** の成果

20分でメールを **2** 通作成 → **2** の成果

20分でメールを **3** 通作成 → **3** の成果

｛ 1通にかけるメールの作成時間が少ないほど、仕事としての成果は上がるんだね！ ｝

そうは言っても、全てのメールには目的があります。謝罪のメールであれば「謝意を受け入れてもらう」「正常な取引に戻す」というのが目的です。

メールの作成時間が短いからと言って、この目的が達成できないのであれば、それは成果を上げたとは言えません。

スピードと質、両方が合わさって初めて成果となります。

メールの評価ポイント

　つまり評価は、投下した時間ではなく、生み出された成果に対してされるものということです。

「誠意を込めて60分メールと向き合った」という事実があって、上司に「60分かけて誠意を込めてメールを書きました」と報告したとしても、評価には影響しません。

　目的を達成するメールを、1秒でも短い時間で書くことが高評価につながります。

　ずるい人は、スピードを念頭に置いてメールを作成しています。1秒でも速く入力するには、メールの送受信を減らすには、処理の時間を短縮するには、どうしたらいいか。

　思考や入力の時間をゼロに近づける方法を、常に考え続けているのです。

1. 成果をコントロールする
2. 最短の時間で成果を上げる
3. 思考や入力の時間をゼロに近づける

5 ずるい人は、上司をかしこく使う

 「CC」を使いこなせば、仕事が速くなる

「CC」での共有は、適切に使えば自分を守る武器になりますが、むやみに入れると相手の信頼を損ないます。

例えば、お客さまに送るメールの「CC」に、あなたの上司を入れるとしましょう。

そこには、どんな理由がありますか。なぜ、上司を「CC」に入れたのでしょうか。

- お客さまに「上司も見ている」という安心感を与えるため
- お客さまに「上司も見ている」というプレッシャーを与えるため
- 上司にリアルタイムで仕事の進捗を報告するため
- 上司に適切なアドバイスを求めるため
- 問題が発生した場合、上司に適切な連携を求めるため
- 上司を入れることで安心したいから

このように、誰かを「CC」に入れるときには、必ず理由を明確にする必要があります。なんとなくで、とりあえず「CC」に入れるのは、マナー違反です。

　なぜなら「CC」でメールを受けとった人には、メールを読む責任が生まれるからです。
　そして、読んだからには、気づいたことを伝え、フォローをしなければいけなくなります。

　あなたの「なんとなく」の行動で、相手の負担を増やしてしまうのです。

 ## 理由を添えて「CC」に入れよう

　共有者（先ほどの場合では上司）には「なぜ共有するのか」「どうしてほしいのか」という、「CC」に入れた理由の説明が必要です。
　ずるい人は、必ずその理由を説明します。そうすることで、求めた対応をしてもらえるからです。

> お客さまとのやりとりに不安があるので、この後、CCに入れさせていただきます。気になる点があれば、随時ご指導ください

> こちらのお客さまは無理難題を言う傾向があるので、CCに○○さんを入れて、釘を刺したいです

的確なフォローが得られる！

かしこい「CC」と「TO」の使い分け方

「TO」と「CC」では、受信者の読み方は異なります。

「CC」での受信者は、基本的には流し読みです。一方「TO」で受けとった人は、返事をする必要があるので、対応を考えながら読みます。
　これを踏まえてメールを送らないと、求める反応がもらえないかもしれません。

　また「CC」でもいいメールを、あえて別のメールにして「TO」の一対一で送ることで、より丁寧な反応をもらえることもあります。

　自分の求めているものを、確実に相手から引き出すには、いい意味で、周囲を上手に活用する必要があるのです。

1. CCを吟味して利用し、上司や顧客に安心感を与える

2. CC以外でも個別メールの報告を欠かさない

3. 情報共有することで、次の支援を引き出せる

ZURUI MAIL JUTSU

6章

ひと工夫で、
頑張らなくても仕事が速くなる
「メールの仕組み化」

1 ずるい人は、署名も手を抜かない

 署名って必要？

　誰でも必ず、メールの最後につけるのが「署名」です。署名には、送信者の情報を書きます。

> ◎**署名に書くべき情報**
> ・会社名　・部署名　・役職名　・姓名　・よみがな
> ・郵便番号　・住所　・電話番号　・ファクス番号
> ・メールアドレス　・ウェブサイトのURL　など
> ※ウェブサイトが複数ある場合は、それぞれのサイト名も書いて分かりやすくしましょう

「名刺交換をしていれば署名に連絡先は書かない」
「誰からのメールか分かっているなら署名は不要」

　こんな意見もあるようです。
　署名は本当に必要なのか、署名が何のためにつけられているのか、考えてみましょう。

署名は名刺で代用できるのか

署名には、3つの重要な役割があります。

1つめは**「メールに書かれている内容の責任の所在を明らかにすること」**です。
やりとりの当事者が何者であるかを明確にすることで、相手も安心してコミュニケーションをとることができます。

2つめは**「相手が必要に応じて、コミュニケーションの手段を選択するため」**です。
急を要していて電話をかけたいとき、署名に電話番号が書いてあれば、名刺を探す手間が省けます。手紙や荷物を送るときにも、署名に郵便番号や住所が書いてあれば、調べる手間を省けます。

3つめは**「送信者の最新情報を伝えるため」**です。
前に名刺交換をしたことがあっても、手元にある名刺が数年前のものだったら、会社が移転して住所が変わっていたり、異動して部署が変わっていたりと、持っている名刺の情報が既に変わっている可能性があります。
その点、メールの署名は常に、最新の情報に更新され続けています。

このように、署名は自分のためにも、相手のためにも必要な存在なのです。

大公開！ ビジネスメールのプロが使う署名

私が実際に使っている署名を紹介します。

```
MAIL                                                    ×
━━━━━━━━━━━━━━━━━━━━━━━━━━━━
■ビジネスメールを学ぶなら
 https://businessmail.or.jp/course/
━━━━━━━━━━━━━━━━━━━━━━━━━━━━
株式会社アイ・コミュニケーション　代表取締役
一般社団法人日本ビジネスメール協会　代表理事
平野友朗（HIRANO Tomoaki）
〒101-0052
東京都千代田区神田小川町2-1
KIMURA BUILDING 5階
TEL 03-5577-3237（平日9:00-18:00）
メール hirano@sc-p.jp
━━━━━━━━━━━━━━━━━━━━━━━━━━━━
アイ・コミュニケーション公式サイト https://sc-p.jp/
日本ビジネスメール協会 https://businessmail.or.jp/
ビジネスメールの教科書 https://business-mail.jp/
メルマガの教科書　https://m-magazine.jp/
メール配信「アイ・メール」https://imail-system.com/
実践塾シェアクラブ　https://jissenjyuku.jp/
━━━━━━━━━━━━━━━━━━━━━━━━━━━━
```

　２つの組織の代表を務めているので、役職とあわせて併記しています。ウェブサイトも６つ運営しているので基本は全て並べて、送り先によってカットしていま

す。さらに、基本情報の上にPR枠を設けています。

PR活動は、抜かりなく

ずるい人は、署名に宣伝の役割も持たせています。新サービスの紹介、商品リニューアルの案内、イベントの告知など、さりげなくPRしているのです。

```
MAIL                                            ×
■社会人のためのビジネスマナー講座毎月開催中!
詳細・お申し込みはこちらから
https://businessmail.or.jp/lp_manner/
```

謝罪や催促、トラブル対応など、宣伝している場合ではないときは、PR枠の宣伝文句を忘れずにカットしましょう。場面に合っていない宣伝は、誠実さに欠けるため、逆効果です。

POINT
1. 署名＝メール上の名刺
2. 署名は常に最新情報にアップデートする
3. 署名の宣伝は、目に留まる場所に入れる

2 ずるい人は、受信箱を第二の脳だと考える

 メールボックスの掃除は必要？

- 一方的に送られてくる営業メール
- 読んでいないメールマガジン
- 処理が終わったメール

　もしあなたがこのようなメールを定期的に削除しているのなら、ちょっと待った。それは無駄な作業です。

　確かに、オフィスの書棚に書類ファイルが1000個あるよりも、100個しかない状態の方が、管理がしやすいので、仕事の効率は上がりそうです。

　同じように、メールボックスをきれいな状態にしておく方が、仕事の効率が上がる、仕事ができる人に見える。そう思うのも当然です。

　しかしずるい人は、書類ファイルとメールは違うものだと考えています。

12,500秒を無駄にしないために

原則、届いたメールは全て保管しましょう。

仕事に関係ないメールであっても、削除する必要はありません。

なぜなら、メールを消すという作業でも、時間や労力を消費しているからです。

メールを「消すか、消さないか」を判断するのは、簡単ではありません。

間違って大切なメールを消してしまったら、とり返しがつかなくなることもあるので、慎重に、時間をかけて考える必要があります。

それだけ時間と労力を使って、いらないメールを削除しても、新しいメールは次々と送られてきます。受信箱の上の方は、すぐに最新のメールでいっぱいになるでしょう。

あなたが削除したメールは過去のものなので、無理に削除しなくても、どっちみちすぐに後ろに追いやられて、視界には入らなくなります。

つまり、削除してもしなくても、状況は同じだったのです。

1通のメールを消す判断をするのに、仮に1秒かかっていたとします。1日50通を削除しているなら、1年間（250日労働）で12,500秒です。これは時間に直すと、3時間半くらいになります。

　ずるい人は「ちりも積もれば山となる」と考え、徹底的に意味のない行動を省きます。

メールの価値を知る

　メールのやりとりというのは、コミュニケーションの履歴です。
　そのためメールが残っていれば、10年ぶりに会った人でも、履歴をもとに、簡単に関係を再構築することができます。

　メールを検索するときには、次のような条件を使うといいでしょう。

◎**メールアドレスを使う**
個人まで特定した検索ができます。
◎**ドメインを使う**
特定の会社の人とのやりとりが全て見つかります。
◎**電話番号を使う**
個人まで特定した検索ができます。ハイフンあり・なしの2通りで検索しましょう。
※名前の検索は、同姓同名の存在を考えるとあまりおすすめできません

メールは財産、貴重な資源

　私のメールボックスには、150万通以上のメールが保管されています。
　このメールがあるからこそ、どんなに昔のやりとりでも思い出せます。そのため、誰とでもスムーズなコミュニケーションがとれて、仕事に活かせていると、確信しています。

　人は、古い記憶があいまいになったり、混ざったりするものです。
　頑張って思い出すよりも、メールで検索した方が「簡単・速い・確実」です。

　そのため、もうすでにやりとりを終えている相手とのメールでも、不要意に消すのはやめておきましょう。

1. メールを消すのは無駄な作業

2. メールは、アドレスか電話番号で探す

3. 受信箱は第二の脳

3 ずるい人は、ワンタッチで文章が書ける

 文字入力に心を込めても、伝わらない

　丁寧な動作を心がけることは、仕事でも重要です。
　いつもバタバタと慌てている姿よりも、1つ1つの仕事を丁寧にこなしている姿の方が、見ている人も好感を抱きやすいでしょう。

　「どんなときでも丁寧が一番」と考えている人は、メールを書くときも、打ち間違えや変換ミスをしないように、慎重に文字を入力しています。

　いつも大変お世話になっております

　このフレーズを、1文字、1文字、丁寧に入力する人に会ったことがあります。
　私が「なんで、そんな効率の悪いことをしているのですか」と聞くと「1文字、1文字、心を込めて入力しているんです」という答えが、返ってきました。

　あなたはこの言葉を聞いて、どう思うでしょうか。

メールに込めた思いは、文章でしか伝わらない

　手書きの文字であれば、丁寧に書いている姿勢や思いが、その文字から相手に伝わります。
　達筆とは言えなくても心を込めた文字というのは、好感が持てるでしょう。

　しかし、メールと手書きの文字は違います。

　ビジネスメールは、テキストというデジタルデータで届きます。相手に届くのは、文字情報のみです。
　そのため、画面に映る文字から、心が込もっているかどうかを感じとることはできません。

　「この人のメールには心が込もっている」と感じるとしたら、それは、全体の文字情報が持つ意味から受けとる印象です。
　そのため、心を込めて文字を入力しても意味はないのです。

1文字1文字
心を込めて打った文字

「あ」の予測変換
だけで打った文字

ありがとうございます　　ありがとうございます

 どっちも見分けが
つかないね…

単語登録で楽を追及する

ずるい人は「どうやったらキータッチの回数を減らしてより多くの文字が打ち込めるか」に頭を使っています。
いかに「楽をするか」を重視しているのです。

しかし、楽をすることと手を抜くことは違います。

「楽をする」とは、結果は変えずに、結果にいきつくまでのプロセスをより効率的にすることです。
「手を抜く」とは、結果にいきつくまでのプロセスの一部を省いたせいで、結果が悪い方向に変わってしまうことです。
だから、ずるい人は楽を追い求めますが、絶対に手は抜きません。

そして「楽をする」ために、単語登録を徹底的に行っています。
これまで、この機能を使ってこなかった人は、今すぐ以下の言葉を登録しましょう。

◎初心者必見！　単語登録のおすすめフレーズ

- 会社名
- 部署名
- 名前
- 電話番号
- メールアドレス
- 住所

- 商品名（製品名、サービス名）
- あいさつ
- 名乗り
→頻繁に入力している言葉や表現

- クライアント名
- 担当者の名前
- クライアントの商品名（製品名、サービス名）
→入力ミスをしたくない言葉

限りある時間を有効に使おう

> いつもお世話になっております。
> 株式会社○○の、××です。

> 引き続きよろしくお願いいたします。

　このようなビジネスメールの定型文も、単語登録をしておくことで、メール処理の時間をかなり短縮できます。

　そうして空いた時間で、相手が不安になったり、うまく伝わらなかったりする箇所がないかを考えるのです。

　仕事に使える時間には限りがあるからこそ、時間をかけるべきポイントは外さないようにしましょう。

POINT
1. 時間をかけて書けば伝わる というわけではない
2. 楽をしても、手は抜くな!
3. 時間をかけるべき箇所を見誤らない

4 ずるい人は、多くの人が犯すミスを未然に防ぐ

 「メールが送れない!?」

　私の会社ではセミナーを開催しており、毎月100名以上の申し込みをフォームから受け付けています。

　そのうち、2〜3％くらいの人たちは、メールアドレスの入力を誤っているようで、申込完了時の自動返信がエラーになることがあります。

　メールアドレスがエラーになる理由は、2つのケースが考えられます。

> ❶アカウントが存在しない
> ❷ドメインが存在しない

　例えば、一般社団法人日本ビジネスメール協会の代表アドレスは「info@businessmail.or.jp」で「info」がアカウント、@以降の「businessmail.or.jp」がドメインです。

送り先のメールアドレスが間違っていると「MAILER-DAEMON」や「Mail Delivery Subsystem」などの、エラーメッセージが送信者に届き、正常に送れません。

メールアドレスを入力する手間が省ける秘密

相手が先ほどのようなエラーメッセージに気づかなければ、メールはいつまでたっても、あなたの元に届きません。

さらに、お互いにメールアドレス以外の連絡先を知らなければ、もうこれ以上どうすることもできません。

だからこそ、メールアドレスの誤入力は厳禁なのです。

そもそも、メールアドレスを入力しようとするから、間違えるのです。

メールアドレスは、「単語登録」しておきましょう。

> ✓「ずるい」テクニック
>
> 単語登録をしておけば「いんふぉ」と入力するだけで、変換候補に「info@businessmail.or.jp」が出るようになるよ！

１文字ずつ全て入力するよりも少ないキータッチの回数で済むだけでなく、打ち間違いもなくなるのですから、やらない理由はありません。

少しの工夫で、あなたのメールが劇的に変わる

　メールが送信できない理由には、インターネット環境が不安定だったり、添付ファイルの容量が大きすぎたりなど、さまざまなケースがあります。

　その中でもやはり一番起こりやすいのが、送り先のメールアドレスが間違っているというミスです。

　つまり「単語登録」で多くの人が犯すメールアドレスの入力ミスを防げるというのは、ほんの少しの工夫で、周りよりも一歩先を行く、ずるい存在になれるということです。

 ## 私が本書を通して伝えたいこと

　ずるい人は「1文字、1文字、入力するのは無駄だ」「人間なのだから、どんなに注意を払っていても誤入力する」と考えています。

　その上で、いかに速く、正確にメールを送信できるかに意識を向けています。仕事の時間には限りがあるのですから、メール作業を速く終わらせられれば、その他の仕事にかけられる時間は増えます。
　そうすれば、定時に退社することだって、プライベートな時間を充実させることだってできます。

多くの人は、仕事を速く終わらせて、かつ、成果も残すには「周りよりも頑張るしかない」と思い込んでいます。

しかし実際は、効率を求めることが、仕事の成果にもつながり、それが自分の余裕にもつながります。

「ずるい人」になるためには、むしろ、頑張らない方がいいのです。

POINT

1. 名前、電話番号、アドレスの入力ミスは命とり

2. メールアドレスは単語登録しておく

3. キータッチの回数を1回でも減らす

5 ずるい人は、メールをフラグで管理する

 メールの管理は計画的に

あなたは、メールを「未読」「既読」で管理していませんか。

通常のメールソフトでは、未読のメールが太字になったり、件数が表示されたりします。目立つので、タスク管理がしやすいと思われがちです。
しかし、この処理方法には大きな欠点があります。

それは、未読のメールには「読んでいないメール」と「読んだけれども処理していないメール」の両方が含まれていることです。

・未読のメール
まだ読んでいないメール、未処理のメール
・既読のメール
処理が終わっているメール

メールの管理に潜む落とし穴

メールを「未読」「既読」で管理している人は「今は忙しくて返信できないから、後で返信をしよう」と判断したメールを「未読」に戻します。

忙しい時間が終わり「さあ、さっきのメールを返信しよう」と思ってメールボックスを開くと、新規の未読メールがたくさん届いています。
これでは「さっきのメール」が、どのメールなのか、分からなくなってしまうでしょう。

メールの件数が少ないときは問題なく管理できるかもしれませんが、いつかは限界が訪れます。

次から次へと届く新規の未読メールに、未処理メールが埋もれてしまったり、既読から未読に変更していなかったりしたら、そのメールの存在自体、忘れてしまうかもしれません。

このように「開封したけれど処理できなかったメールを未読に戻す」というのは、一見、合理的な方法のように見えて実は、大きな落とし穴があるのです。

メールのフラグ機能を、活用していますか？

ずるい人は、メールを「フラグ」で管理しています。

❶未読
まだ読んでいないメール
(読んで処理を後回しにするなら❷へ。読んで処理が終わったら❸へ)

----

❷既読・未処理
フラグのついた未処理メール
(処理が終わったら❸へ)

----

❸既読
読んで処理が終わったメール

フラグを使うことで、従来の「未読」「既読」だけの管理に加えて「既読・未処理」の管理もできるようになります。

先ほどの例に挙げたような問題が、フラグ機能を活用すれば解決できるのです。

未読メール、ゼロを目指して

フラグでメール管理をすることで、得られるメリットはもう1つあります。

それは、未読メールをゼロにできることです。

未読の件数は、よくも悪くも、メール画面に表示されます。気にしないようにしていても、件数が多ければ、やっぱり気になってしまうのが人間です。

「未読」「既読」で管理をしている限り、この数をゼロにするのは、難しいでしょう。

しかし、フラグを使えば、処理できなかったメールは「既読・未処理」として扱われるので「未読」をゼロにできます。

視覚的にメール画面がすっきりするだけで、仕事へのモチベーションは高まります。

1. 未読・既読だけで管理しない

2. 既読・未処理（フラグ）で未処理メールを管理する

3. 常に未読メールをゼロにする

6 ずるい人は、相手のメールボックスを荒らさない

 メールで使ってはいけない機能

　大事なメールを送るときに、メールソフトの「重要マーク」を使いたくなったことはありませんか。

　メールソフトの中には「このメールは重要である」という印をつける機能がありますが、これは一見便利なように思えて、実は何かとやっかいな機能です。

> **突然ですが、ここで問題です。メールの送信時に「重要マーク」をつけてもいいでしょうか。**
>
> ❶つけてもいい
> ❷つけてはいけない

　正解は「❷つけてはいけない」です。
　重要なメールだから目に留めてほしい、メールボックスの中で目立つ存在にしたい、という気持ちは分かります。

それでも、メールボックスは相手の作業空間なので「重要かどうか」を決めるのは相手。あなたではありません。「重要マーク」を勝手につけるのは、相手の作業空間に土足で踏み込むような行為です。

相手が重要だと感じる件名とは

　ずるい人は、メールソフトの機能に頼ることなく、「件名」を自分の言葉で工夫して「重要である」ことを示します。

　件名に、相手がメールの重要度や優先順位を判断するのに必要な情報を盛り込むのです。
　件名が短いと簡潔ですが、言葉足らずになりがちです。「お知らせ」「お願い」「ご報告」「ご相談」「ご確認」だけだと「何の」が分からないので、相手は判断に困ります。

　ビジネスメールのほとんどが「通知」「依頼」「報告」「連絡」「相談」などに分類されるからこそ「何を」までセットで書くようにしましょう。
　これにより、相手は重要度を意識しながら開封して処理することが可能となります。

　また「〜について」「〜の件」も、「何をどうしたい」のか「何をどうしてほしい」のかが分からないので、判断に困る件名です。

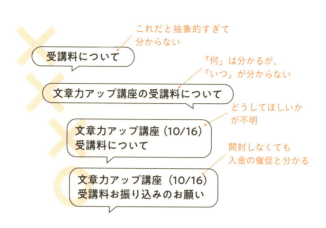

このように具体的な件名は、端的に送り主の目的を伝えられるので、開封を促すだけでなく、迅速な反応を引き出すこともできます。

メールの山の中から、あなたのメールを見つけてもらう方法

工夫を凝らしたメルマガ、巧妙に作り込まれた迷惑メールであふれた相手のメールボックスの中で、あなたのメールは埋もれているかも。

メールは開封されなければ返事はこないし、動いてももらえません。そのためにはまず、メールの開封を促す「具体的な件名」が重要なのです。

返信するときの件名には「Re:」というマークが自動

でつきます。これは「返信」のマークなので、基本的には消したり、書き換えたりはしないようにしましょう。

件名と内容が一致しなくなったときが、件名を変えるときです。

1.「重要マーク」を勝手につけるのは、相手の作業空間に土足で踏み込むような行為

2. 開封しなくても用件の推測がつくレベルで書く

3. 返信の件名についた「Re：」マークは、そのままにする

7 ずるい人は、テンプレートにとらわれない

 メールの手間を省く救世主

テンプレートは、文章のひな形のことを指します。

送る頻度の高いメール、決まりきった内容のメールは、テンプレートをそのまま使うだけで完璧なメールを作れるため、とても便利です。

以下のような場面では、テンプレートがより効果を発揮します。

・問い合わせる
・問い合わせに返答する
・ファイルを送る（請求書や見積書、提案書など）
・日時を調整する
・商品を発送する
・返品方法を案内する
・キャンセルを受け付ける
・仕事の結果を報告する（日報を送るなど）
・仕事の進捗を共有する（会議の議事録など）

このように、定型業務はテンプレート化しやすいため、業務効率を格段にアップさせられます。

テンプレートの特徴を知る

ただし、テンプレートが便利だからと言って、常にテンプレートを使ってもいいのか、というと、そうではありません。

テンプレートは一定の型に沿ったものなので、個性がなく、機械的で事務的なものです。
そのため、テンプレートを受けとった人は確実に「定型文だ」と見破ります。ぞんざいに扱われたと感じて、マイナスの印象を覚えるかもしれません。

場面や相手との関係を踏まえて、メールの内容やコミュニケーションのとり方を変えるべきときには、テンプレートを使わずに、個々に作成した方が効果的です。

ずるい人は、淡々とこなせる定型業務はテンプレートで対応する一方で、コミュニケーションの側面が強い内容は、自分の言葉で書いています。

場面や相手ごとに、どっちのメールの方がより効果的なのか、判断しているのです。

情報伝達だけが目的の定型業務メールは、感情を込めることを意識しなくていいので、テンプレートを使います。

一方、相手を説得するなど、意思の疎通を図らなければいけないメールには、自分で考えた文章を書きます。

・・・・・・・・・・・・・・ **定型業務のメール** ・・・・・・・・・・・・・・

1分1秒でも速く送りたい！　→**テンプレートを使う**

・・・・・・・・・・・・・ **コミュニケーションのメール** ・・・・・・・・・・・・・

「あなただけに伝えている」という思いを伝えたい！　→**自分の言葉を使う**

メールの目的を意識すれば、どちらを選べばいいのか、簡単に判断できます。

テンプレ信者にはならないで！

テンプレートを使った方が絶対に速い、と思い込んでいる人は、どんなときでもテンプレートを探します。

いいテンプレートが見つからなければ、過去の似たようなメールを検索し、一部を書き直して使おうとします。だけど、当時とは状況が違って、なんだかしっくりこないので、また少し書き直す……。

こんなことを繰り返すくらいなら、初めから自分で書いた方が速いはずです。

また、テンプレートを探す時間も見落とされがちですが、この時間も考慮するべきです。

 メールを探す（5分）＋メールを書き直す（5分）
→**トータル10分**

 メールを新規作成（8分）→**トータル8分**

ずるい人は、常に最短距離を探っています。

テンプレートにとらわれすぎず、時と場合によって判断する、柔軟さを持ちましょう。

1. ただの業務連絡にはテンプレートを活用する

2. コミュニケーション重視ならテンプレートは使わない

3. テンプレートを探す方が時間がかかることもある

8 ずるい人は、メール作成にChatGPTを活用する

 最新技術は、メールにも使える？

ChatGPTなどの、生成AIを使ったことはありますか。

生成AIとは、テキスト、画像、動画、音楽など、さまざまなコンテンツを新たに作成するAI（人工知能）のことです。

急速に成長する生成AIの活用が、ビジネスの課題となる中で「ChatGPTを使ってメールを書く」という試みがあります。
しかし正直なところ、生成AIを使ったメール作成は、現状では時期尚早で、難度が高いと考えています。

なぜなら、正しいメールを書いてもらうためには、正しい指示が必要で、さらに、生成AIによって作成された文章を自分でチェックして、正しいかどうかを吟味する必要があるからです。

これではまだ、自分で書いた方が速いかもしれません。

ChatGPTの得意を活かす

一方で、ChatGPTが得意なこともあります。
基本的には、抽象的な表現でも構わない、当たり障りのない文章を提案するのに向いています。

> 結構なお品物を頂戴しましてありがとうございます

> ご結婚、おめでとうございます

例えばこのような、お礼の気持ちを伝えたり、お祝いの気持ちを伝えたりするような、形式的なメールが、それにあたります。このようなメールには、唯一の正解や具体的なゴールはありません。

相手からの返信を求める必要もありません。

そのため、送ること自体が目的となるメールには、ChatGPTを効果的に使えるのです。

◎ChatGPTが効果的に使えるメール
・お礼メール(お礼を伝えることが目的)
・お悔やみメール(お悔やみの気持ちを伝えることが目的)
・お見舞いメール(体調不良や災害などに対してのお見舞いの気持ちを伝えることが目的)

前ページのような場面にふさわしいメールの作成を ChatGPTに頼むと、どこかで聞いたことがあるフレーズを駆使して、そつなく作り上げてくれます。

　あとは、できあがったメールを読んで、違和感を覚えるところだけを直せば、そのまま送れます。

「現状でできる最も効果的な」活用方法

　明確な意図を伝えなくてはいけないようなメールの作成には、ChatGPTは使えませんが、誤字のチェックや、トーンの調整には、かなり使えます。

　ChatGPTに「このメールに誤字や敬語の間違いがあれば、その箇所を教えてください」と指示をして、その下にメール文を貼りつけて、読み込ませてみてください。

　それだけの指示で、文字のチェックをしてくれます。

　さらに、ChatGPTに「このメールを柔らかい表現に変えてください」と指示をすれば、メールの温度感を、指示通りのものに変えてくれます。

「普通」「冷たい」「堅い」「柔らかい」「丁寧」「過剰に丁寧」など、メールのトーンを書き分けるのが難しいと感じている人は、ChatGPTをぜひ活用してください。

ここで紹介したものは全て「現状でできる最も効果的な」ChatGPTの活用方法です。

生成AIは日々成長しているので、明日はもっとすごいことができるようになっているかもしれません。楽しみですね。

POINT
1. お礼、お悔やみ、お見舞いなどはChatGPTが得意
2. ChatGPTは誤字のチェックに向いている
3. ChatGPTの可能性は無限大

あとがき

　最後までお読みいただき、ありがとうございます。

　『ずるいメール術』というタイトルから、小手先のテクニックを期待した人もいるかもしれません。見事に想像を裏切られる結果となったことでしょう。

　ビジネスメールを改善しようと思ったら、言い回しや敬語などは最後です。

　そもそも「何を書くか」が重要で、書くべきことが間違っているなら、言い回しを改善しても意味がないのです。

　メールの最低合格ラインを決めるのは、次の2つ。

❶伝わるか
❷不快感がないか

　本書で何度か出てきたので、さすがに記憶に残っていてほしいところです。

　他にも、本書にはたくさんの「ずるいテクニック」をちりばめてきました。

最後まで読んだあなたは、きっと数多くの気づきを手にしていることでしょう。

　その気づきを自分のスキルにできるかどうかは、今後のあなたの行動次第です。

　焦らず、でも一歩一歩、確実に経験を積んで、メールをあなただけの「ビジネスのずるい武器」にしてください。

　そして、よりよい社会人生活を送ってほしいと思っています。

　さらにメールを学びたくなったら、一般社団法人日本ビジネスメール協会が主催するセミナーに参加してください。
　最新のメールコミュニケーションについて、私をはじめとした講師陣が解説しています。メールの添削も行っています。

　メールには、思考、判断、コミュニケーションなど多くのスキルが詰まっています。一生もののスキルを、これからも磨き続けましょう！

平野 友朗（ひらの・ともあき）

一般社団法人日本ビジネスメール協会代表理事。株式会社アイ・コミュニケーション代表取締役。実践塾シェアクラブ主宰。
ビジネスメールスキルの標準化を目指し、日本初のビジネスメール教育事業を立ち上げる。個人のメールスキル向上指導、組織のメールのルール策定、メールの効率化による業務改善や生産性向上などを手がける。行政機関、企業、学校などへのコンサルティングや講演・研修回数は年間150回を超える。2013年に、一般社団法人日本ビジネスメール協会を設立。認定講師を養成し、ビジネスメールの教育者を日本全国に送り出している。さらに「ビジネスメール実務検定試験」を立ち上げ、ビジネスメール教育の普及に尽力している。ビジネスメールの公開セミナーを毎月20回以上開催。著書に『仕事が速い人はどんなメールを書いているのか』（文響社）、『なぜかうまくいく人の頭のいい時間割：定時で帰って人生をもっと楽しむ』（三笠書房）、『イラッとされないビジネスメール 正解 不正解』（サンクチュアリ出版）などがある。

なぜか仕事が速い人の
ずるいメール術
入社3年目までに差がつく
「ビジネスメールの正しい使い方・考え方」

2024年9月5日　第1版第1刷発行

著者	平野 友朗
編集協力	直井 章子
本文イラスト	キタハラケンタ
発行者	永田貴之
発行所	株式会社PHP研究所
	東京本部　〒135-8137　江東区豊洲5-6-52
	ビジネス・教養出版部　☎03-3520-9619（編集）
	普及部　☎03-3520-9630（販売）
	京都本部　〒601-8411　京都市南区西九条北ノ内町11
	PHP INTERFACE　https://www.php.co.jp/
デザイン	眞柄花穂、石井志歩（Yoshi-des.）
編集	薬師神ひろの
印刷所	株式会社光邦
製本所	東京美術紙工協業組合

©Tomoaki Hirano　2024 Printed in Japan　　　　ISBN 978-4-569-85746-6
※本書の無断複製（コピー・スキャン・デジタル化等）は著作権法で認められた場合を除き、禁じられています。また、本書を代行業者等に依頼してスキャンやデジタル化することは、いかなる場合でも認められておりません。
※落丁・乱丁本の場合は弊社制作管理部（☎03-3520-9626）へご連絡下さい。
送料弊社負担にてお取り替えいたします。